Karl Dändliker

Geschichte der Gemeinden Rorbas, Freienstein und Teufen

Karl Dändliker

Geschichte der Gemeinden Rorbas, Freienstein und Teufen

ISBN/EAN: 9783743654877

Hergestellt in Europa, USA, Kanada, Australien, Japan

Cover: Foto ©Suzi / pixelio.de

Weitere Bücher finden Sie auf **www.hansebooks.com**

Geschichte

der Gemeinden

Rorbas, Freienstein & Teufen.

❦

Von

Karl Dändliker,

stud. phil.

Bülach.

Druck und Verlag von J. Scheuchzer.

1870.

Geschichte

der Gemeinden

Korbas, Freienstein und Teufen.

Von

Karl Dändliker,

stud. phil.

Bülach.
Druck und Verlag von F. Scheuchzer.
1870.

Meinem hochverehrten Lehrer

Herrn Professor Dr. Max Büdinger

gewidmet.

Sie erinnern sich, verehrtester Herr Professor, so viel
ich weiß, noch lebhaft, wie ich bei Beginn meiner historischen
Studien Ihnen eine Geschichte meiner Heimatgemeinde vor=
legte. Ohne Auswahl und passende Verarbeitung hatte ich
dieselbe nach der Art dilettantischer Gemeindsgeschichten zusam=
mengestellt und Sie machten mich deshalb auf eine andere Be=
handlung aufmerksam und riethen mir, jene Geschichte etwa
zwei Jahre lang liegen zu lassen, worauf ich, inzwischen durch
andere Arbeiten geübt, den Gegenstand ganz anders angreifen
würde. In den vorliegenden Blättern nun lege ich Ihnen
diese Umarbeitung vor.

Die Fremdartigkeit und Geringfügigkeit des Gegenstan=
des, der niedere Werth und die Lückenhaftigkeit des Stoffes
und die daraus folgenden Mängel der Darstellung, wie sie
sich mir im Vergleiche mit dem so viel edleren Gebiete Ihrer

Forschungen und gegenüber Ihren strengen Anforderungen an die historische Kunst fühlbar machten, verursachten mir freilich mancherlei Bedenken dagegen, Ihnen diese Geschichte zu widmen, und nur der Gedanke an jene Ihre persönliche Beziehung zu derselben, sowie auch namentlich das stete Bewußtsein, mein Bestes überhaupt Ihnen zu verdanken, ließen mich dieselben überwinden!

Möchten Sie nur in den hier ausgeführten Grundsätzen und wenigstens im Ganzen der Arbeit die Einwirkungen des von Ihnen gegebenen Musters nicht zu verkennen sich veranlaßt finden!

Korbas, den 19. September 1870.

Karl Dändliker.

Vorrede.

~~~~~~

> „Niemals komme der Tag, wo die
> Territorialforschung keine Beachtung
> mehr finden sollte: das Einzelne hat,
> so entlegen es ist, doch allezeit Bezug
> auf das Ganze."
>
> Leopold Ranke.

Da die hier zur Anwendung gebrachten Grundsätze der Behandlung geschichtlichen Stoffes auf dem Gebiete der Ortsgeschichten
im engeren Sinne bisher weitaus zum größten Theile außer Acht gelassen worden sind, so möge mir verstattet sein, über dieselben, sowie
über die Eigenthümlichkeiten gerade der vorliegenden Darstellung,
einem etwaigen weiteren Leserkreise gegenüber, mich eingehender
auszusprechen.

Allgemein wird man die Erfahrung bestätigt finden, daß in
gebildeten Kreisen gewöhnlich eine tiefe Abneigung gegen Gemeindsgeschichten zu Tage tritt.

Der Grund dieser Erscheinung liegt größtentheils in der Art,
wie die Gemeindsgeschichten, gewöhnlich nur in Rücksicht auf einen
gewissen Theil der Gemeindebewohner selbst, behandelt werden.

Diese nämlich erwarten in einer Geschichte ihrer Gemeinde
eine Sammlung von Nachrichten, deren Inhalt durch die engste
Beziehung auf jede Familie, jeden Einzelnen, jeden Ort und jeden
Gegenstand innerhalb der Gemeinde die Aufmerksamkeit auf sich
zieht. Jede Familie meint in derselben die Geschichte ihres Geschlechtes und dessen Vertreter von den ältesten Zeiten her zu finden.

Jeder will seine Neugierde befriedigen und wissen, zu welcher Zeit jeder Weg, jede Brücke, jedes Gemeindsgebäude erstellt worden sei. Ueberhaupt soll Alles, was durch Alter oder besondere Art merkwürdig ist, sich in einer solchen Geschichte vorfinden. Diesen Anforderungen sucht man nun auch zu entsprechen, und stellt nach allen möglichen Gesichtspunkten Namen, Zahlen, Notizen und Aktenstücke dieser Art zusammen.

Sieht man nun aber näher zu, so stellt sich diese Behandlungsart als eine selbst für das Volk unpassende heraus. Wie vermöchte denn Jeder die zusammenhangslosen Thatsachen zu würdigen und die Urkunden, die man gewöhnlich in ihrer alterthümlichen Fassung vollständig abdruckt, zu verstehen!

Sodann beachte man doch, daß bei dieser Behandlungsweise niemals irgend eine Belehrung für den Leser sich ergeben kann. Und doch sollte jede Geschichte durch die Ideen, die Beobachtungen, die aus der Art und aus dem Verlaufe der Thatsachen resultiren, die Kenntniß menschlicher Verhältnisse überhaupt fördern *), und demgemäß die Urtheilskraft schärfen, den Gesichtskreis erweitern.

Will man daher solche Ortsgeschichten einerseits für die Ortsbewohner selbst wirklich zur Belehrung in dieser Hinsicht gereichen lassen, anderseits denselben zugleich auch in weiteren Kreisen Eingang verschaffen, so wird ein ganz anderer Weg einzuschlagen sein. Derselbe besteht nun, allgemein gesagt, darin, daß man die

---

*) Es gibt viel verbreitete Ansichten, wonach der Zweck der Geschichte gleichsam ein erzieherischer wäre: sie soll moralisch bilden, vom Schlechten abwehren und zur Tugend entflammen, oder sie soll das Verständniß der Gegenwart und der Zukunft erschließen. · Ich bemerke hier, daß in gewisser Hinsicht allerdings diese Arten der Belehrung aus den geschichtlichen Studien sich ergeben könnten, aber nur mittelbar, während die unmittelbare und allezeit eintreffende Wirkung einer eindringenden Geschichtsbetrachtung in der Erkenntniß der verschiedensten Verhältnisse und Entwickelungen des menschlichen Lebens überhaupt zu suchen ist. Auch die vorliegende Geschichte wird dies überall beweisen; das Weitere auszuführen, ist jedoch hier nicht der Ort.

Grundsätze, welche überhaupt für die Geschichtschreibung gelten, auch in diesen Gemeindsgeschichten zur Anwendung bringt. Nicht ein handwerksmäßiges Zusammenstellen, sondern das Erfassen der Frische des menschlichen Lebens ist allein die edle Aufgabe des Geschichtschreibers. Der Gegenstand einer Gemeindsgeschichte ist ja, wie derjenige jeder anderen Geschichte, ein menschliches Dasein, ein Leben, und erfordert so dieselbe Behandlung, wie die Geschichte eines Staatswesens oder eines Volkes.

Bei dieser Behandlungsweise scheint mir, im Gegensatze zu der oben bezeichneten schiefen Methode, das Wesentlichste darin zu bestehen, daß man den Gegenstand als ein innerlich zusammenhängendes Ganzes vorführe, in welchem man leicht das Fortschreiten der Entwickelung erkennt. Dieses Ziel wird sodann im Einzelnen die Durchführung der zwei Hauptgrundsätze geschichtlicher Darstellung, nämlich Auswahl und Anordnung, bedingen.

Denn — um diese Methode zu dem Zwecke, Winke für die Abfassung anderer Gemeindsgeschichten zu geben, näher zu umschreiben — bei Verfolgung dieses Zieles darf man nicht daran denken, das gesammte Material, das man aufgefunden hat, verwenden zu wollen: viele Nachrichten erweisen sich für die Entwicklung der Gemeinde als eines Ganzen unnütz und unbrauchbar: es sind entweder bloße Personalnotizen, Verträge, Käufe, die zwischen Einzelnen abgeschlossen worden sind, oder Nachrichten über Gegenstände (Häuser, Grundstücke, Straßen, Bauten u. dgl.) und Ereignisse (Erdbeben, Gewitter, Feuersbrünste), welche im Verlaufe des Lebens, so weit man sieht, ohne Bedeutung gewesen sind. Dahin gehören endlich Gegenstände, welche nur in einer Statistik, nicht aber in einer Geschichte am Platze sind, z. B. Verzeichnisse von Ortsnamen, Geschlechtsnamen, Personen, Einwohnerverhältnissen zu den verschiedensten Zeiten, ferner Uebersichten des Bestandes der Güter, der Beamten und ihres Einkommens u. dgl. Nur wo etwa einige dieser aufgeführten Gegenstände für die Betrachtung der Gesammtentwicklung, besonders des Fortschrittes derselben, wichtig sind, müssen sie, in der einer geschichtlichen Dar= stellung entsprechenden Weise herbeigezogen werden *).

Wie die Auswahl, so müssen sich auch Anordnung und Ein= theilung nach der Gesammtentwicklung des Ganzen richten. Sorg= fältig ist darauf zu achten, daß man dasjenige, was im Leben auf einander gewirkt hat, auch zusammenbringe, und nicht etwa durch vorhergemachte logische Eintheilungen aus einander reiße. Von diesem Gesichtspunkte aus darf man nicht politische Geschichte, Kirchengeschichte, Schulgeschichte, Sittengeschichte u. drgln. aus logischen Gründen trennen: denn im lebendigen Dasein sind sie stets verbunden und durchbringen einander. Jeder Ort hat zudem seine eigenthümliche Entwicklung, und eben diese ist's, welcher man die Eintheilungen entnehmen soll: so nur erscheint der Gegenstand als eigenartiges, in sich abgerundetes Ganzes. —

Diesen Zielen und Grundsätzen gemäß behandelt, kann nun eine Ortsgeschichte noch einen höheren, bisher wenig beachteten Zweck haben.

Denn abgesehen davon, daß dieselbe auf allen Punkten auf den Zusammenhang mit der allgemeinen, der schweizerischen, und der kantonalen Geschichte hinweist und hie und da vielleicht einzelne Vorgänge und Zustände der letzteren näher beleuchtet und belegt, wird sie alsbann nämlich eines der am besten geeigneten Mittel werden, denjenigen Theilen des Volkes, denen nicht Zeit und

---

*) Wie ich selbst dies an mehreren Orten gethan habe; z. B. im dritten Abschnitte, im ersten Paragraphen des ersten Kapitels (S. 49) die große Feuersbrunst von 1538 erwähne, weil sie den Rückschritt der damaligen sittlichen Verhältnisse begreifen läßt; oder wenn mir im ersten Paragraphen des letzten Kapitels (S. 89) die Wirkungen der Witterungsverhältnisse den Mangel beweisen, der in der bloßen Beschäftigung mit Landwirthschaft lag, um dann das Hinzutreten der Industrie würdigen zu können, oder endlich wenn ebendaselbst (S. 90) die Zunahme der Bevölkerung im Zusammenhang steht mit einer entsprechenden Steigerung aller Lebensverhältnisse. Man vergleiche dazu noch S. 87, Anmerkung.

Gelegenheit zu Gebote steht, in die Größen der allgemeinen Ge=
schichte sich zu vertiefen, die Probleme der Geschichte überhaupt in
verkleinertem Maaßstabe zum Verständniß und in der Folge zur
Aufklärung nahe zu bringen. In ähnlichem Sinne dürfte eine
Heimatgeschichte vielleicht auch für die Schule ihre Bedeutung haben,
indem nämlich namentlich die neueren Parthien derselben, wenn
sie dem Vorstellungskreise des Kindes gehörig angepaßt würden,
am besten geeignet wären, der jungen, für die hinsichtlich Ort
und Zeit zu sehr entlegenen Gebiete anderer Geschichten noch nicht
empfängliche Auffassungskraft, von der unmittelbarsten Anschauung
und Gegenwart ausgehend, das Verständniß geschichtlicher Vorgänge
zu erschließen. —

Man wird aber auch nicht verkennen können, daß eine solche
Behandlung nach den aufgestellten Grundsätzen große Schwierig=
keiten darbietet. Es liegen dieselben einmal in der Beschaffenheit
des Materiales, sodann in der Art desjenigen Leserkreises, an
welchen die Heimatsgeschichte sich zunächst richtet.

Bei der oben angedeuteten nothwendigen Durchführung der
Auswahl nämlich wird vielleicht, wie es mir selbst begegnet ist,
das gesammelte Material, das ohnehin nicht in einer gleichmäßigen
Fülle vorhanden ist, auf weniger als die Hälfte zusammenschwin=
den. Allerdings darf dieser Stoffmangel überall nicht etwa
Zweifel an der Zulässigkeit einer gleichwohl auf Richtigkeit Anspruch
machenden Erkenntniß erwecken; denn dem ununterbrochenen Laufe
des Lebens gemäß sind Anzahl und Umfang überlieferter Thatsachen
niemals allein maßgebend für die Bedeutung und die genaue Zeit=
dauer der Entwicklung selbst. Wohl aber müssen dadurch viele
Ungleichheiten in der Behandlung eintreten, welche ich deshalb zu
entschuldigen bitte *).

---

*) Dieser Stoffmangel und diese Ungleichheiten treten hier besonders
in der Darstellung des 17ten und 18ten Jahrhunderts hervor; gerade für
die so wichtige „Herrschaft Teufen" standen mir oft nur vereinzelte Notizen

Sodann sind der Mehrzahl der Leser im Volke die Noten und Belege gleichgültig und oft widerlich. Ich habe mich deshalb derselben nur bisweilen bedient, wo es galt, einem in Büchern verbreiteten Irrthum entgegenzutreten, oder wo Solches anzuführen war, das für die Gemeindebewohner Interesse haben konnte jedoch nicht in die Darstellung paßte; an einigen Stellen auch habe ich auf Arbeiten aufmerksam gemacht, aus welchen man Belehrung über allgemeinere Verhältnisse sich verschaffen kann. Endlich gebot eben diese Rücksicht auf die Mehrzahl des Leserkreises eine gewisse Einfachheit und leichte Fassung der leitenden Gesichtspunkte, sowie oft die Erklärung sonst als bekannt vorauszusetzender Thatsachen und Zustände. Eine schwierige Frage war auch, in wie weit die Gegenwart noch berücksichtigt werden sollte. In sehr vielen Beziehungen kann über dieselbe wegen ihrer Nähe noch nicht ein historisches, unbefangenes Urtheil gefällt werden; ich habe deshalb nur solche Thatsachen des laufenden Jahrzehnds noch aufgenommen, welche sich leicht als Glieder in die Entwicklungskette einfügen ließen und bei welchen nicht die Gefahr einer einseitigen, falschen Beurtheilung vorhanden war.

Endlich bemerke ich noch, daß ich aus Rücksicht auf diejenigen Gemeindebewohner, die lieber sich nur über die einen und andern Gegenstände der Vergangenheit unterrichten als der Darstellung selbst folgen wollen, am Schlusse ein alphabetisches Register beigefügt habe.

Schließlich erfülle ich noch gerne die Pflicht, Denjenigen meinen Dank auszusprechen, welche bereitwillig mir Mittheilungen zukommen ließen, Archive und Sammlungen öffneten, sowie auch den Freunden, welche mit guten Rathschlägen mir zur Seite

zu Gebote. Dennoch würden sich die dort aufgestellten Gesichtspunkte nicht wesentlich ändern, auch wenn sich mehr urkundliches Material vorgefunden hätte.

ſtanden. Auch der Verlagsdruckerei bin ich für die oft ſchwierige Anordnung und Berichtigung des Druckes verpflichtet.

Der Gemeinde ſelbſt aber ſeien dieſe Blätter ein Zeugniß für meine Liebe zu der Eigenartigkeit ihres Daſeins, unter welcher aufgewachſen zu ſein ich mich in der Ferne ſtets gerne erinnere.

Inhaltsverzeichniss.

Erster Abschnitt: Entstehung der drei Dörfer.

Erstes Kapitel: Die Ansiedlung . . . . . . S. 1— 6

1. Vorübergehende keltische Niederlassung auf dem Irchel: S. 1—3.

    Blick auf Lage und Bodenverhältnisse: S. 1. Befestigung des Irchels: S. 2. Keltischer Name desselben: S. 3.

2. Die dauernde Ansiedlung zu Norbas: S. 3—6.

    Römische Gräber, Straßen und Stationen: S. 3—4. Politischer Verband unter den Alamannen: S. 5. Der Name Norbas: S. 5. Anbau des Landes: S. 6.

Zweites Kapitel: Die Ausbildung der drei Dörfer S. 7—23

Einleitung: S. 7—9.

1. Die Freiherren von Freienstein und von Teufen: S. 9—16.

    Burg, und Ursprung der Freiherren: S. 9. 10. Ihre Stellung, Rechte und Besitzungen: S. 10. 11. Ausgang derselben: S. 11. 12. Die Freiherren von Teufen. Ihre Burgen: S. 12. 13. Stellung: S. 13. Verbindungen und Besitzungen: S. 14. 15. Untergang: 15. 16.

2. Entstehungsart der drei Dörfer, S. 16—18.

3. Das Land und seine Bebauer: S. 18—23.

    Höfe: S. 19—21. Anbau des Landes: 21. Leibeigene: 21—23.

Zweiter Abschnitt: Die Verbindung der drei Dörfer.

Erstes Kapitel: Die Anfänge der Gemeindeverfassung S. 24—31

1. Die Gerichtsherrschaft Teufen-Norbas: S. 24—28.

    Gerichtsbarkeit und Öffnung von Norbas: 24—26. Verhältniß der Gemeinde zur Herrschaft: 26. 27. Stellung des Herrn: 28.

2. Gemeindeordnungen zu Norbas: S. 28—30.

Zweites Kapitel: Die kirchliche Verbindung zwischen Korbas und Teufen . . . . S. 31—35

1. Die Stiftung der Kirche: S. 31—33.
2. Die Pfarrei: S. 33—35.

   Kirchherr und Oekonomie der Kirche: S. 33. 34. Schicksale des Kirchensatzes: S. 34. Umfang der Pfarrgemeinde: S. 35.

Drittes Kapitel: Der Anschluß von Freienstein an Korbas und Teufen . . . . S. 36—45

1. Anschluß an die Herrschaft Teufen: S. 36—40.

   Teufen österreichisches Lehen: S. 36. 37. Uebergang an Zürich: S. 37. 38. — Schicksale des Schlosses Freienstein: 38. 39. Anschluß an Teufen: S. 40.

2. Die kirchliche Vereinigung: S. 41—45.

   Wesen des damaligen Gottesdienstes: S. 41—44. (Zeichen, Bilder, Heilige, Feste, Messen, Seelsorge). — Verbindung von Freienstein mit der Kirche Korbas: S. 44. Rückblick: 45.

Dritter Abschnitt: Die Zeit der „Herrschaft Teufen".
(1513—1798.)

Erstes Kapitel: Die Wirkungen der Reformation S. 46—65

1. Umgestaltung des kirchlichen Lebens: S. 46—53.

   Rückwirkung der Reformation: S. 46. Der Leutpriester Daniel Baumgartner: S. 47. Der reformirte Pfarrer Wilhelm Keller: S. 47. 48. Heinrich Hausheer: S. 48. — Der große Brand von 1538: S. 49. Ausgelassene Haltung der Bevölkerung: S. 49. Streit mit dem Pfarrer: S. 50. Der Kirchenbau von 1586: S. 51. Kirchengebäude und Gebräuche: S. 52. 53.

2. Selbständige Entwickelung des Gemeindelebens: S. 53—65.

   Allgemeines: S. 54. Bürgerrechtliche Verhältnisse: S. 54—57. Allmendstreitigkeiten: S. 57—63. Gemeindegut und Gemeindeordnungen: S. 63—65.

Zweites Kapitel: Ausbildung der Herrschaft Teufen S. 65—71

   Allgemeiner Charakter: S. 65. 66. Die Familie Meiß: 66. Beziehungen zwischen dem Gerichtsherrn und den Gemeindebewohnern: 66—68. Er-

hebung der Gemeinde Freienstein gegen den Gerichtsherrn: S. 69. 70. Weitere Streitigkeiten:
70—71.

Vierter Abschnitt: Die Neugestaltung des Gemeindelebens.
(Von 1798 bis zur Gegenwart.)

**Erstes Kapitel: Die Umwandlungen durch die
Revolution** . . . . S. 72—87

1. Die Uebelstände und Lasten: S. 72—77.
   Unmöglichkeit freier Entfaltung: S. 73. Mißstände
   der Gemeindeeinrichtungen: S. 73. 74. Erstarrung
   des geistigen Lebens: S. 74. 75. Lasten des Grundbesitzes: S. 75—77.

2. Die Kriegszeit: S. 77—81.
   Gränzbesetzung: S. 77. 78. Aufbruch nach Zürich:
   S. 78. Annäherung der Gefahr: S. 78. 79. Gefecht zu Korbas: 79. 80. Weitere Kriegsbewegungen: S. 80. 81.

3. Die umgestaltenden Folgen der Revolution: S.
   81—87.
   Allgemeine Grundsätze: S. 81. 82. Aufhebung der
   Gerichtsherrschaft Teufen: S. 82. 84. Neuordnung
   des Gemeindewesens: S. 83—86. Loskauf von
   Zehnten und Grundzins: S. 86. 87.

Zweites Kapitel: Das Leben der Neuzeit . . . S. 87—109

1. Steigerung des materiellen Wohles: S. 87—95.
   Landwirtschaft: S. 88. 89. Fabrikverdienst: S.
   89. 90. Bevölkerung: S. 90. Erwerbszweige:
   S. 90. 91. Oekonomisches Wachsthum (Kirchen-
   und Schulbauten): S. 91—94. Verkehrswesen:
   S. 94. 95.

2. Aufschwung des sittlich=geistigen Lebens: S.
   95—109.
   Kirchliches Leben: S. 95. 96. Charakter des politischen Verhaltens: S. 96—98. Aufschwung des
   Schulwesens: S. 98—101. Sorge für die Armen
   und Gemeinnützigkeit: S. 101—103. Rettungsanstalt Freienstein: S. 103. Die Geistlichen: S.
   103—106. Kirchenpflege: S. 106. 107. Die
   Lehrer: S. 107. 108.

Schluß: S. 108—109.
Nachträge und Verbesserungen: S. 110.
Register: S. 111—112.

Erster Abschnitt.

Die Entstehung der drei Dörfer.

(Bis zum Beginne des 14ten Jahrh.)

Erstes Kapitel: Die Ansiedlung.

1. Vorübergehende keltische Niederlassung auf dem Irchel.

Daß schon die Kelten, welche vor mehr als zweitausend Jahren die Landstriche unseres deutschen Vaterlandes bewohnt haben, unsere Gegend sich zu Wohnsitzen auserjahen, unterliegt keinem Zweifel.

Die Betrachtung dieser Thatsache erfordert zuerst einen Blick auf Lage und Bodenverhältnisse unseres Ortes. Das kesselförmig geformte Thal mit dem Flusse, der Töß, in der Mitte, umschlossen von waldigen, zum Thal schroffen Hügeln und Bergen, die früher von Gewild belebt waren, entsprach dem Sinne und den Sitten dieses Naturvolkes der Kelten, wie wir es aus den Ueberbleibseln seiner Thätigkeit kennen. Insbesondere bot der Irchel die beste Gelegenheit zu Befestigungen, wie wir sie überall mit den vor Feinden verschiedener Art unsicheren keltischen Niederlassungen verbunden finden: ein langer breiter Rücken wird nach allen Seiten hin durch abschüssige Wände begränzt: auf drei Seiten bietet sich ihm zudem noch ein natürlicher Schutz *): gegen Westen durch die Töß, gegen Osten die Thur, gegen Norden der Rhein, welcher unmittelbar die am meisten abschüssige Seite bespült. Endlich gestattet die Stellung des Irchels nach allen Himmelsgegenden, beson=

---

*) Dies hebt besonders der umsichtige Kenner des keltischen Alterthums, Dr. Ferdinand Keller hervor in den Mittheilungen der antiquarischen Gesellschaft VII Heft 7.

bers gegen Norden über das Rheinufer hin, freien Blick zur Be=
obachtung herannahender Feinde.

Wir sehen, unsere Gegend war ganz dazu geschaffen, den Kelten
Schutz vor wilden Thieren und heranziehenden Feinden zu gewähren.
Eben der Irchel war es, den sich die Kelten auch hiefür ersehen
hatten.

Jedermann kennt ihre Sitte, ihre Dörfer in Seen auf Pfählen
zu erbauen; Aehnliches thaten sie auch auf schützenden Anhöhen.
So kennen wir *) bis jetzt denn auch mindestens eine keltische
Niederlassung auf einer Seite des Irchels — die beträchtliche Nieder=
lassung am „Ebersberg" am Abhange des Irchels gegen Berg zu
— andere können gar wohl noch existirt haben, wenn auch noch
keine Spuren entdeckt wurden. Sobann bekam der Irchel eine,
seiner Lage am Rheine und seiner schutzbietenden Beschaffenheit
entsprechende Bedeutung, die sich freilich in ihrem vollen Umfange
nicht mehr genau erkennen läßt. In jenen unsicheren Zeiten des
Anbranges der Germanen gegen den Rhein (seit dem dritten Jahr=
hundert vor Christo) nämlich errichteten die Kelten, wie auf einer
Reihe anderer Anhöhen längs des Rheines, so auch auf dem Irchel
über dem Dorfe Teufen eine Zufluchtsstätte, indem sie durch Wall
und Graben die Bergkuppe abschlossen und befestigten **). Eine
ähnliche Zufluchtsstätte befand sich auch auf einem andern Theile
des Irchels über Berg. In den Stürmen, die sich natürlich beson=
bers gegen die hiesigen Gegenden am Rheine damals erhoben, mögen
die Kelten auf dem Irchel noch einen festen Haltpunkt gefunden
haben: zahlreiche sogenannte Kesselgruben ***), die man dort ent=
deckt hat, beweisen das einstige Dasein von Niederlassungen, und
zudem hat der Berg selbst von den Kelten seinen Namen bekommen,

---

*) Aus Dr. Eschers Bericht über diese Niederlassung „am Ebersberg",
Mittheilungen der antiquarischen Gesellschaft VII 4.

**) Man bemerkt (nach Dr. Ferd. Kellers Untersuchungen in den
Mittheilungen Bd. VII Heft 7) Wall und Graben 20 Fuß hoch und 2—3
Fuß breit und 60 Fuß an der Basis. Die Verschanzung erfolgte durch
Aufwerfung des Bodens.

***) Es sind dieß trichterförmige Vertiefungen, deren Bestimmung Dr.
Ferd. Keller nicht angeben konnte, von denen er aber bemerkt, daß sie sich
meistens in der Nähe von keltischen Ansiedlungen befinden. Zwei derselben
hatten einen Durchmesser von 30—35 Fuß und eine Tiefe von 4—5 Fuß.

wie behauptet, wegen der Rehböcke *), welche dieses jagdluſtige Volk in Menge hier gefunden haben wird.

Lange Zeit können ſich aber die Kelten, wie überall, ſo auch hier nicht gehalten haben; denn noch von einer andern Seite her trat ihnen die höchſte Gefahr entgegen: ſiegreich drangen die Römer in's Land ein und ſetzten ſich im zweiten und dritten Jahrhundert nach Chriſto überall feſt.

Durch die Römer nun veränderten ſich Stellung und Charakter der hieſigen Niederlaſſungen in epochemachender Weiſe: der Irchel verlor ſeine Bedeutung und die ihm entgegengeſetzte Seite bei Rorbas wurde jetzt Mittelpunkt der Gegend.

2. Die dauernde Anſiedlung zu Rorbas.

Die Hauptniederlaſſung der Römer zu Rorbas muß nun einen im Vergleiche mit früheren Zeiten (der Kelten) geordneteren Charakter gehabt haben; die Gegend kam jetzt in lebhafteren Verkehr und damit in den Bereich eines höher geſitteten cultivirten Lebens.

Alle dieſe Momente laſſen ſich deutlich aus den in den letzten Jahrzehenden bei uns entdeckten Spuren des Daſeins der Römer erkennen.

Man fand nämlich zu Rorbas in der Gegend der „Brunnenſteig" und des „Wiler" zwölf ſogenannte Reihengräber **), zum Theil aus Sand= und Tuffſtein gemauert, welche keltiſche und römiſche Kultur= gegenſtände gemiſcht enthielten: ein offenes Meſſer, ein Halsband von gebrannter Erde und grün und gelben Ringen, einen Fin=

---

*) So erklärte Loys de Bochat ein Antiquar und Etymolog des vorigen Jahrhunderts (Memoires critiques pour servir d'éclaircissement sur divers points de l'ancienne Suisse; vol. III.) den Namen. „Iyrchel", ſoll bedeuten: „wilde Ziege" oder „Rehbock". Dr. Meyer in ſeinen „Orts= namen des Kantons Zürich" vermuthet einen Zuſammenhang mit dem Stamm des Wortes „Ercynia" (silva Hercynia) Allein abgeſehen davon, daß die hieraus ſich ergebende Bedeutung „erheben" auf den Irchel nicht paßt, welcher mehr durch ſeine langgeſtreckten Seiten als durch ſeine Höhe in die Augen fällt, läßt auch die Zuſammenſetzung des Wortes Hercynia aus „er-cyni" (Zeuss, grammatica celtica 109) im Gegenſatz zu der ganz andern Bildung des Wortes „Irchel" dieſe Combination nicht als zuläſſig erſcheinen. Ich weiß zwar wohl, daß auch die andere Erklärung ſo ſicher nicht iſt, weil dieſelbe ſich nicht auf urkundliche Formen ſtützen kann; allein für einmal kann ich doch nichts anderes bieten.

**) Die Eröffnung der Gräber erfolgte 4. Juni 1341 laut damaligem Berichte des Statthalters.

gerring, Ohrringe, eine thönerne Schaale, einen römischen Pfen= ning *). Nach der aus Erfahrungen gewonnenen Ansicht des besten Kenners Römischer Niederlassungen in unserm Lande **) nun müssen sich in der Nähe dieser Gräber bedeutende Niederlassungen befunden haben. Diese standen gewiß nicht vereinzelt; es ist ja bekannt, in welcher Weise die Römer zu militärischen und Handels = Zwecken durch ganze Netze größerer und kleinerer Straßen zwischen den einzelnen Niederlassungen und Stationen Verbindungen herstellten. So führte denn von Oberwinterthur und Nestenbach aus über Norbas eine römische Verkehrsstraße nach Kaiserstuhl ***), welche drei genannten Orte wichtige Posten zur Erhaltung Römischer Ord= nungen und Römischer Cultur für unsere Gegenden bildeten. Viel= leicht befand sich hier zu Norbas selbst in Verbindung mit der Straße und in Beziehung zu jenen Grabstätten ein kleiner Nebenposten, in= dem sich, wie an andern Orten, in der Nähe der Kirche fest ver= kittete Grundmauern fanden †); da jedoch außer einer Münze des Kaisers Licinius ††) (307—323 n. Christo) bis jetzt keine weitern Spuren Römischer Niederlassung mehr entdeckt worden sind, so läßt sich auch nichts Sicheres sagen.

Wenn nun auch mit dem fünften Jahrhundert nach Christo die Römische Herrschaft und deren Schöpfungen zu Grunde gingen durch die anstürmenden Germanen, so blieb doch unserm Thale die Verlegung des Mittelpunktes nach Norbas hinüber für alle Folgezeiten.

---

*) Nach dem Berichte des Herrn Utzinger im Bülacher Neujahrsblatte von 1861, S. 28.

**) Dr. Ferd. Keller in seinem Berichte über die „Heidengräber in der Schweiz". Mitthlgn. Bd. III. 2. S. 58.

***) Dr Meyer von Knonau, welcher Mitglied der antiquarischen Ge= sellschaft war, in seinem „Gemälde des Kantons Zürich" Bd. I. S. 53.

†) Der Todtengräber stieß in demjenigen Theile des jetzigen Kirchhofes, der 1859 dem alten hinzugefügt wurde, auf altes ungemein fest verkittetes, etwa 2 ½ Fuß dickes Gemäuer, bestehend aus Kieselsteinen, welches in der Richtung von Nordwest nach Südost eine lange Strecke bildete. Man möchte allerdings glauben, es sei diese Mauer das Fundament der alten Kirche vor 1586; allein dieselbe war nicht von solchem Umfange und muß auch eine andere Stellung eingenommen haben (indem bis 1859 daselbst Wiesland sich befand, anstatt dessen gewiß der Kirchhof erstellt worden wäre, wenn gerade dort bis 1586 die Kirche sich befunden hätte. Sind es, wie ich glaube, Grund= mauern eines militärischen Postens, so erinnern sie an ähnliche bei der Kirche zu Oberwinterthur, Schlieren und anderwärts.

††) Dr. Meyer von Knonau in der ersten Auflage des „Gemäldes des Kantons Zürich" S. 17.

Ehe wir jedoch betrachten, wie das neue Volk der Alamannen — eines Stammes der Germanen — sich hier ansiedelte, ist des allgemeinen politischen Verbandes zu gedenken, in welchem unsere Gegend lag und dessen Veränderung in mancher Hinsicht entscheidend wirkte. Unsere Gegend sammt der nordöstlichen Schweiz kam zum Herzogthum Alamannien. Von den Gauen nun, in welche dieses Herzogthum zerfiel, umfaßte der Thurgau einen großen Theil der nordöstlichen Schweiz: der ganze Kanton Zürich z. B. gehörte zu demselben, und unsere Gegend bildete nach Nordosten hin die Gränze durch den Rhein. Seitdem aber um die Mitte des neunten Jahrhunderts der Zürichgau vom Thurgau sich absonderte, wurde unser Thal auch nach Westen hin eine Gränzgegend: über den Rücken des Tättenberges hin lief jetzt die Grenze der beiden Gaue. Dadurch wurde, im Anschluß an die von der Natur gestellten Bedingungen, unser Thal von der Gegend von Bülach mehr abgesondert und dagegen für alle Folgezeit mit Embrach und der Winterthurer Gegend in Verbindung gebracht, was dann später durch die Freiherren von Freienstein, von Teufen und die übrigen Edeln des Ortes gesteigert wurde.

So ist die Verbindung unseres Ortes mit der Umgegend in den damaligen Zeiten allerdings noch leicht erkenntlich; geradezu unmöglich ist aber die Zeitbestimmung der Entstehung einer alamannischen Ansiedlung zu Rorbas. Wenn die betreffende Angabe richtig ist, wornach der Name Rorbas schon Ende des zehnten Jahrhunderts (984) vorkommt *), werden wir dieselbe schon frühe anzusetzen haben; allein es läßt sich hierüber nichts Bestimmtes sagen. Gewiß ist jedoch, daß die alamannische Ansiedlung, wie es häufig zu geschehen pflegte, an die Römische anknüpfte, wie denn eben der Wiler, in dessen Nähe sich die letztere befunden haben muß, schon frühe genannt wird.

Wie nun die Beschaffenheit unserer Gegend schon auf die erste Besiedlung derselben (durch die Kelten) gewirkt hat, so war es auch die eigenthümliche Ortsbeschaffenheit, die dem Dorfe für alle Zukunft den Namen gab. Denn „Rorbas“, oder, wie es in den ältesten Zeiten stets hieß: „Rorboz, Rorboss“, weist auf eine

---

*) Der Name findet sich im „Liber Eremi“, der aber bekanntlich so unzuverlässig ist, daß man von demselben kaum Gebrauch machen darf; siehe dazu Seite 8, Anmerkung.

Gegend, die mit Schilfrohr bedeckt gewesen ist, sei es nun, daß der Name bedeute: „die mit Schilfrohr (Röhricht *) bewachsene Gegend", oder, was wohl das richtigere sein möchte: „die Gegend, wo Schilfrohr geschlagen, ausgehauen worden ist" (Rohrschlag - Ror-boz **).

Man sieht also, daß die erste Bedingung für die Ansiedlung der Alamannen das Ausschlagen des Schilfrohres gewesen ist, von dessen früherem Vorhandensein innerhalb des Gemeindebannes von Rorbas man jetzt noch ganz deutliche Spuren sieht ***). Die Gegend muß aber auch überhaupt schwer zu bearbeiten gewesen sein wegen der vielen Abhänge und Anhöhen, über die der Bauer zum Theil jetzt noch klagt; für die Anlage der bei den Alamannen so beliebten freien Bauernhöfe zeigte sich jedoch manche günstige Gelegenheit, und bald genug findet man eine Menge derselben bei uns. Aus der großen Anzahl dieser Höfe, die wir schon seit dem dreizehnten Jahrhundert finden, zu schließen †), muß die Zahl der Bebauer von Anfang an keine bloß geringe gewesen sein, wie sie denn schon im zwölften Jahrhundert, wie wir sehen werden, eine größere kirchliche Gemeinschaft bilden konnte, die noch dazu nicht alle drei Dörfer umfaßte.

Auf welche Weise jedoch diese Ansiedlung zu Rorbas sich gebildet haben mochte, wird uns erst im Folgenden nach Vorführung der Freiherren unseres Ortes, deren Einwirkungen die Entstehung unserer Dörfer zuzuschreiben ist, zu zeigen möglich sein.

---

*) So deutet Dr Meyer den Namen in seinen „Ortsnamen des Kantons Zürich".

**) Die Endung „boz", offenbar von „hinzu", stoßen, schlagen, findet sich ganz ähnlich in „Knieboz, Knieboss" und „Steinboss" (welche Backmeister, „Alamannische Wanderungen" I 71 aufführt) in welchen Namen auch das „o" sich bisweilen in „i" abschwächt, wie man jetzt noch sagt „Rorbis", welches man auch früher oft so geschrieben findet.

***) Namentlich in der „Riedern"; dann oberhalb des „Wiler" und unterhalb des „Alpenhofes", ferner im „Tiefert" an der neuen Straße oberhalb der Haumühle u. s. f. Es hängen mit diesem Ueberdecktsein von Schilfrohr auch Lokalnamen zusammen, wie z. B. „Mittlerriet", „Auenriet", „Riedern", „Riederwiese". Vielleicht steht damit auch der alte häufige Geschlechtsname „Riediker", „Rietiker" damit in Verbindung, (vom Wohnen im „Riet"); da jedoch der Name früher fast immer „Rietikon" hieß, so muß er wohl von der gleichnamigen Gemeinde (bei Uster) herrühren.

†) Siehe § 3 des folgenden Kapitels.

Zweites Kapitel: Die Ausbildung der drei Dörfer.

Es wäre nicht etwa bloß eine Befriedigung der Neugierde, sondern für das Verständniß der Entwicklung unseres Ortes sehr wichtig, wenn wir die Entstehung des Dorfes Norbas ergründen könnten. Allein theils reichen die Nachrichten so wenig weit hinauf, theils haben die späteren Verhältnisse die frühern so sehr verdunkelt, daß wir hierauf fast gänzlich verzichten müssen.

Welcher Art jedoch immerhin der Ursprung gewesen sein mag: so viel ist gewiß, daß wir den ersten Anstoß wie zur Entstehung so zur Ausbildung aller unserer drei Dörfer in dem Dasein der Freiherren von Freienstein und von Teufen zu suchen haben.

Ehe wir aber zur Betrachtung dieser übergehen, muß ich hier noch der Dienstleute der Freiherren von Tengen gedenken, welche auf der Burg Norbas saßen.

Denn es kann keinem Zweifel unterliegen, daß auf dem runden, anmuthigen Hügel, der jetzt noch „Burgstal" genannt wird, sich einst ein thurmähnliches Gebäude, eine Burg, befunden hat. Nicht nur weiß die Sage der Umwohner davon zu erzählen, sondern aus dem Anfange dieses Jahrhunderts besitzen wir eine Zeichnung der deutlichen Umrisse damals noch vorhandener Fundamente, und noch vor fünfundzwanzig Jahren befand sich daselbst laut dem Berichte eines Augenzeugen „altes Gemäuer". Auch jetzt noch erkennt man Spuren von einem Graben und damit verbundener Wallanlage.

Die Inhaber dieser Burg waren im 13ten Jahrhundert Vasallen oder Dienstleute der Freiherren von Tengen, welche im ganzen nordwestlichen Theile unseres jetzigen Kantons Besitzungen hatten, z. B. in unserer Nachbarschaft zu Bülach, Eglisau, Glattfelden, Embrach u. s. f. Aus was für Gründen diese Freiherren Dienstleute nach Norbas gesetzt hatten, läßt sich ganz sicher nicht mehr bestimmen. An den Besitz der Gerichtsbarkeit über das Dorf Norbas, die sie diesen Dienstleuten verliehen hätten *), ist freilich nicht zu denken: wir haben auch nicht ein einziges Zeugniß dafür, und zu=

---

*) Wie die Chroniken seit dem 16ten Jahrhundert (ohne Zweifel aus purer Vermuthung) angeben und Neuere (wie Vogel in seiner „Chronik oder Denkwürdigkeiten der Stadt und Landschaft Zürich") nachgeschrieben haben.

dem gehörte, wie wir sehen werden, sehr wahrscheinlich die Gerichtsbarkeit zu Teufen. Dagegen möchte wohl die Bestimmung dieser
Dienstleute in einer Art Verwaltung und Schutzesausübung bestanden haben. Denn wir wissen, daß bis 1254 die Freiherren
von Tengen zu Freienstein einen Hof und bis 1314 den Meierhof
zu Hinterteufen besessen haben; es mögen auch noch andere Güter
dazu gehört haben, ohne daß die Nachrichten davon bis auf uns
gekommen sind. Die Einkünfte dieser den Freiherren von Tengen
in unserer Gegend gehörenden Güter für dieselben einzuziehen und
diese Güter in Kriegszeiten zu schützen, mochte nun Aufgabe dieser
Dienstleute gewesen sein. Auf einen militärischen Zweck (zum Schutze
dieser Güter in Kriegszeit) möchte außer den deutlichen Spuren
von Wallanlagen auch die Bezeichnung des Standes dieser Dienstleute von Rorbas hinweisen, welche eigentlich „Krieger" (milites)
bedeutet. Weshalb aber die Freien von Tengen gerade auf einem
dem Haupttheile der Güter entgegengesetzten Platze, zu Rorbas,
Dienstleute setzten, ist unerklärlich.

Von den Letztern ist Folgendes bekannt. „Lüthold von Rorbas"
wird zum Jahre 984 angeführt, die Angabe ist aber sehr zweifel-
haft *). „Lamprecht von Rorbas" tritt 1044 als Zeuge einer
Verhandlung zu Embrach auf. 1256 findet man zwei Brüder
Heinrich und Rudolf, Dienstleute (milites) „genannt von Rorbas".
Der letztere, Rudolf von Rorbas (vielleicht derselbe, der auch noch
1316 genannt wird) wurde sammt seinen Geschwistern im Kriege
zwischen Herzog Albrecht von Oesterreich und den Zürchern 1298
von den letzteren an seinen Gütern zu Embrach geschädigt. Deshalb trat sein Lehensherr, der Freie Konrad von Tengen, für ihn
auf, und vermittelte für diesen seinen „Diener", wie er denselben
nennt, einen Frieden, wornach die Zürcher den Schaden mit zehn
Pfund Pfenning ersetzen mußten.

Schon aus dieser letzteren Thatsache sehen wir, welch' eine
unbedeutende Stellung dieses Geschlecht „von Rorbas" eingenommen
hat. Sie konnten nicht selbständig auftreten und besaßen niemals
eine eigene Herrschaft; auch unterschied sich ihr Stand wenig von den

---

*) Denn sie stammt aus dem sehr verdächtigen und unzuverlässigen
Liber Kremi. Zudem ist mir nicht wahrscheinlich, daß ein Dienstmann „von
Rorbas" selbständig eine entfernte Schenkung an Einsiedeln macht. Vielleicht
ist der Name verschrieben worden.

Hörigen *), wie denn, laut einer Urkunde von 1268, die Schwester dieses Rudolf eine Leibeigene war.

Zu der Entwickelung unseres Ortes lassen sie sich so in keine Beziehung bringen und von Edelleuten zu Norbas weiß man gar Nichts mehr **).

1. Die Freiherren von Freienstein und von Teufen.

Der wenn auch zerfallene „Thurm auf dem Freienstein" am Irchel mag uns in seiner die Gegend gleichsam beherrschenden Stellung noch jetzt einen Begriff geben von seiner Wichtigkeit in den frühern mittelalterlichen Zeiten. Vor seiner Zerstörung im Jahre 1443 war er noch von Gebäulichkeiten umgeben, so daß „Schloß" und „Thurm" ausdrücklich unterschieden werden. Diese Burg Freienstein wird 1254 urkundlich erwähnt, und 1268 mit einem Namen (castrum) bezeichnet, der auf größere befestigte Burgen angewendet wird.

Der Ursprung der Freiherren von Freienstein selbst ist aber noch ziemlich unsicher, indem man nicht bestimmt sagen kann, ob sie wirklich von Anfang an Burg und Herrschaft Freienstein besessen haben; denn soweit die mir vorliegenden Nachrichten reichen, besaßen bis 1254, ehe ein Freiherr von Freienstein aufzuweisen ist, die Freiherren von Tengen den sonst mit der Burg verbundenen Hof, so daß möglicherweise Burg und Herrschaft von diesen erst an diejenigen Freiherren gekommen sein mag, welche sich dann nach Freienstein benannt haben, vorher aber, wie man aus der Urkunde

---

*) Man sehe, was Staatsarchivar Dr. Hotz in seiner Schrift: „Historisch-juristische Beiträge zur Geschichte der Stadt Winterthur" S. 18 19 sagt, wo man auch in § 4 und 5 über die Anlage von Burgen zum Zwecke des Bezuges der Gefälle und Einkünfte Erörterungen findet.

**) Ich erwähne hier, daß alle Chroniken vom 16. Jahrhundert an, und auch neuere Büchern (Vogels Chronik, Eglis Wappenbuch) berichten, das ritterliche Geschlecht der „Müller" habe einst die Burg und Gerichtsbarkeit zu Norbas besessen; allein dafür liegen gar keine Thatsachen vor. Gewiß ist aber, daß diese „Müller" in irgend welcher nicht mehr erkennbarer Beziehung zu unserem Dorfe standen; denn 1225 besitzt Eberhard Müller den Zehnten im Wiler, und ein Urbar von Embrach meldet, es sei dieser Zehnten „durch Hans Müller, Ritter selig" an das Stift gekommen. Bemerkenswerth ist hiefür auch, daß die Gemeinde Norbas ein Mühlerad im Wappen führt (was indeß doch nur von jenen Angaben der Chronisten herrühren könnte).

den 1254 schließen muß, sich „von Hasle" genannt haben. Es ist dies um so mehr wahrscheinlich, als unsere Freiherren von Freienstein wirklich zu Niederhasle Burg, Herrschaft und Kirchensatz besessen haben und mit den Freiherren von Tengen verwandt gewesen sind *).

Indes, wie dem auch sei: urkundlich kommt 1267 zum ersten male Egolf von Freienstein vor und die folgenden Freiherren leiten sich alle von ihm ab. Sie waren ihrer Stellung nach ganz frei, nicht etwa wie das Geschlecht derer „von Norbas" bloß Dienstleute höher gestellter Edeln, sondern sie gehörten wirklich zum hohen Adel und stellen sich ebenbürtig neben die berühmten Freiherren unserer Landschaften, wie z. B. die von Wart, von Regensberg, von Wädenswyl u. A.: ausdrücklich werden sie in den Urkunden auf gleiche Weise betitelt **) wie die eben Genannten.

Demgemäß verfügten sie auch über ausgedehnte Herrschaftsrechte, Güter und Leibeigene. 1302 verzichteten Heinrich und Johannes, die Söhne des genannten Freiherren Egolf, auf den Meierhof (jetzt „Oberhof") von Freienstein vollständig, nachdem ihr verstorbener Vater denselben an das Kloster Töß verkauft hatte. Beide verliehen sammt ihrer Schwester Hedwig 1282 ihren Hof in Wettingen an Ritter Kuno von Liebegg. 1302 erhielt Heinrich den Hof zu Klingnau; er besaß auch den Zehnten zu Hüntwangen, den Kirchensatz und eine Hofstatt zu Niederhasle, die er 1318 dem Heinrich „an der Lewen" verkaufte. Einen Hof zu Watt vertauscht er 1316 gegen den Hof zu Hofstetten und ein Gut zu Oberhasli. 1314 verkaufte Heinrich eilf leibeigene Leute zu Norbas — natürlich, wie wir noch sehen werden, ist „Norbas jenseits der Töß" gemeint,

---

*) Im Jahre 1251 übergab nämlich der Freiherr Konrad von Tengen seiner mit dem Freiherrn Egolf von Hasle vermählten Tochter Ita aus dem väterlichen Gute den Hof bei der Burg Freienstein. Nun steht nach Urkunden von 1318 und 1325 fest, daß die Freiherren von Freienstein Burg, Kirchensatz und Güter zu Hasle (Niederhasle) besaßen und anderseits ist ein Freiherr Egolf von Freienstein mit seiner Gemahlin Ita von Tengen vom Jahre 1270 bekannt. Daraus möchte nun folgen, daß jener Egolf von Hasle und dieser Egolf von Freienstein ein' und dieselbe Person sind, indem durch den Erwerb der Burg und Güter zu Freienstein dieser Egolf sich „von Freienstein" zu nennen begann. Um so mehr möchte dies wahrscheinlich sein, als laut Urkunde von 1302 die Freiherren von Freienstein den Hof bei der Burg besaßen. Allein ich muß gestehen, daß mit diesen wenigen Thatsachen doch am Ende nichts anzufangen ist.

**) Sie werden stets, wie jene genannten Freiherren, „nobiles domini" genannt.

wie man damals das jetzige Freienstein nannte. 1310 übergab er einen Leibeigenen von Heslibach an die Abtei Zürich und 1312 einen solchen von Höngg; 1325 verkaufte er zwei Leibeigene von Eschibach. Sein Bruder Johannes hatte ähnlich ausgedehntes Eigenthum: er besaß, worauf wir noch zurückkommen werden, die Gerichtsbarkeit über das Dorf Freienstein, und 1311 übergiebt er die Vogtei über fünf leibeigene Leute seinem Oheim Rudolf Müllner von Zürich, 1313 seine Gemahlin Katharina ein Gut zu Zimikon bei Uster der Propstei Zürich. Auf der Burg zu Freienstein selbst hatten sie stets Dienstleute; Katharina bezeichnet im genannten Jahre als solche: Konrad von Wil und Konrad von Kloten.

Aber nur kurze Zeit blühte dieses Freiherrengeschlecht mit seinem blauen Löwen auf silbernem Schilde. Bald nachdem diese Freiherren recht aufgetaucht sind, ist auch ihre Macht schon dahin. Was soll man dazu sagen, daß 1325 Heinrich von Freienstein die halbe Burg zu Niederhasle im Riet, das alte Eigen der Familie, dem Kloster Rheinau schenkte und von demselben seinen beiden Söhnen zu Lehen geben ließ, so daß sie jährlich dafür eine Abgabe nach Rheinau zahlen mußten! 1328 verzichtete er auch auf sein „Gut zu Niederhasle".

Was ihn hiezu bewog, kann man nicht sagen; doch muß man wohl annehmen, daß neben der Absicht, im Sinne der katholischen Religion durch eine Schenkung sich Verdienst zu erwerben, auch der Wunsch mitwirkte, seine Söhne in sichern Schutz zu bringen. Denn die Blüthezeit des Adels in unseren Gegenden war überhaupt vorbei *): das Aufstreben der Freiheit in den Waldstätten, das in diese Zeiten fällt, bezeichnet auch das Hereinbrechen einer Zeit, die dem Adel allmählichen Untergang drohte. Die eigene Ueberhebung desselben beschleunigte den Sturz; das sieht man auch bei den Freiherren von Freienstein. Denn nach den Nachrichten bei Zür= cherischen Chronisten des fünfzehnten Jahrhunderts, welche ältere Aufzeichnungen benützten **), haben sie im Vereine mit anderen

---

*) Ueber die Ursachen des allmählichen Sinkens der Dynasten giebt Staatsarchivar Dr. Hotz in seinen schon erwähnten Beiträgen zur Geschichte der Stadt Winterthur S. 136 belehrende Bemerkungen.

**) An der Thatsache ist, wie Herr Prof. Georg von Wyß glaubt, durchaus nicht zu zweifeln, obgleich die uns erhaltenen gleichzeitigen Chro= nisten davon schweigen. Nur die Zeitbestimmung wird verschieden angegeben: Die Einen melden 1334, die Anderen 1338.

Häuptern des Adels die im Banne stehenden Zürcher gereizt und angegriffen. Aber die eben jetzt kräftig aufstrebenden Bürger von Zürich zogen gegen sie und zerstörten unter anderen auch die Burg Freienstein 1334 oder 1338.

Dieselbe wurde jedoch wieder aufgebaut, aber von den Freiherren erfahren wir nichts mehr bis zu ihrem gänzlichen Erlöschen. Es trat das Letztere nach dem Berichte späterer Chronisten 1360 ein, indem Johannes von Freienstein ohne Kinder gestorben und zu Töß, welchem Kloster er fast alle Habe vermacht habe, mit Schild und Helm begraben worden sei. Dieser Nachricht entspricht, daß ein Chronist aus der Mitte des vierzehnten Jahrhunderts die Freiherren von Freienstein unter diejenigen Edeln im Thurgau zählt, die „vertrieben, erschlagen oder abgestorben sind, so daß Niemand mehr Etwas von ihnen weiß". —

In Stellung und Schicksalen den Freiherren von Freienstein ähnlich waren diejenigen zu Teufen.

Was diese betrifft, so mag ich die aus einem Buch in's andere übergehende Behauptung, daß vier Burgen zu Teufen gestanden und demgemäß auch vier verschiedene Adelsgeschlechter dieses Namens existirt hätten, als sicher nicht wieder aufnehmen.

Allerdings weisen die Ruinen auf das einstige Dasein von mehr als bloß einer Burg Teufen: das jetzige Schloß wurde nach glaubwürdiger Nachricht 1638 nicht weit von dem alten vordem daselbst bestehenden erbaut; dann findet man auf der linken Seite des Sträßchens, welches von Hinterteufen unten am „Brunnenkirchel" vorbei nach Berg führt, gerade unterhalb der einstigen Hohwacht, auf einem schönen kegelrunden, auf der Oberfläche ganz ebenen Hügel Gemäuer von beträchtlichem Umfange, wobei man selbst noch deutlich die Grundmauern eines Thurmes neben dem Gebäude bemerkt. Endlich sollen sich laut der Angabe der topographischen Karte des Kantons auf einem Hügel in der Nähe der Einmündung der Töß in den Rhein Spuren der sogenannten Burg „Niederteufen" finden. Dazu mag hinzugenommen werden, daß 1274 urkundlich ein Nieder= oder Unterteufen genannt wird („in inferiore Tüfen").

Dennoch muß gewiß auffallen, daß in einer Urkunde von 1273 der Graben „vor der Burg zu Teufen" genannt wird ohne nähere Bezeichnung, gleich als hätte nur eine Burg Teufen existirt. Ueberdies weiß man von einer vierten Burg „Hinter=" oder „Mittler-Teufen", wie die Chroniken wollen, nichts; nur Freiherren „von

Alten= und von Hohen=Teufen" werden von jenem schon erwähnten Schriftsteller aus der Mitte des 14ten Jahrhunderts genannt. In Urkunden selbst bezeichnen sich die Freiherren niemals so, und man kann daher mit Sicherheit die nähern Verhältnisse nicht bestimmen.

Um so sicherer dagegen steht fest, daß die Angaben aller hierauf bezüglichen Schriftsteller, als seien die Freiherren von Teufen sogar ein gräfliches Geschlecht gewesen und als hätten sie auch „von Teufen= stein" geheißen, falsch sind. Es beruht dies einfach auf Verwechs= lung mit den Freiherren von Teufenstein am Schwarzwald in der Nähe von St. Blasien. Ob die letzteren allerdings in näherer Beziehung zu unseren Freiherren in Teufen gestanden haben, wie ein gelehrter Forscher des vorigen Jahrhunderts aus verschiedenen Anzeichen schließen zu dürfen glaubte *), läßt sich nicht sicher bestimmen.

Von allen diesen Ungewißheiten nun absehend, können wir dagegen mit Bestimmtheit sagen, daß die Freiherren von Teufen zum hohen Adel unserer Lande gehörten, ausgestattet, wie es scheint, mit noch höherem Ansehen und ausgedehnteren Besitzungen und Rechten, als die Freiherren von Freienstein.

Für diese hohe Stellung zeugt Folgendes. Die Meisten der Freiherren erscheinen in nächster Umgebung der mächtigen Grafen von Kyburg, so 1223 Werner und Konrad von Teufen, 1235 und 1240 Kuno von Teufen. 1264 erscheint Freiherr Kuno im Ge= folge des Grafen Rudolf von Habsburg zu Winterthur, 1267 als Spruchrichter neben hohen Geistlichen in dem Vergleiche des Grafen Rudolf von Habsburg mit der Gräfin von Kyburg zu Murten; 1276 vermittelt er mit seinen Söhnen einen Tausch zwischen dem Bischof von St. Gallen und dem Freiherren Ulrich von Regensberg. Ein anderer Freiherr, Gerhard, saß 1307 „zu Töß an der offenen Straße" zu Gericht, an dem Orte, wo später im Namen Zürichs der Landvogt von Kyburg richtete.

---

*) Neugart (episcopatus Constantiensis; vol II.) glaubte, weil in beiden Geschlechtern ganz dieselben Namen wiederkehren, daß die von Teufenstein sich von unseren Freiherren von Teufen ableiten, so nämlich, daß die ersteren von unserem Teufen weg an den Schwarzwald gezogen seien und daselbst ihren neuen Sitz benannt haben zum Theil nach dem alten Teufen zum Theil nach der Lage des neuen in einem schrecklichen rauhen Thale (Teufenstein). Die Annahme hat Bestechliches, stützt sich aber auf keine bestimmten Thatsachen.

Ferner haben die Freiherren von Teufen beträchtliche Verbin=
dungen. Die Freiherren von Wart, von Weßikon, von Tengen
gehören zu ihren nächsten Verwandten. Die Klöster zu Töß, zu
Embrach, Einsiedeln, die Abteien zu Reichenau und Zürich, selbst
Säckingen zählen Glieder der Familie zu ihren angesehenen Mit=
gliedern; Bertha von Teufen z. B., die um 1282 lange Zeit in
der Abtei Zürich Nonne war, genoß solches Ansehen, daß sie
Aebtissin hätte werden, also fürstlichen Rang erlangen können.

Und wie viele Besitzungen weisen sie auf! vor Allem zu
Rorbas, zu welchem Dorfe sie in naher Beziehung standen: hier
haben sie, wie wir noch sehen werden, zum Wohl ihrer Angehörigen,
die Kirche gestiftet. Wohl schon Kuno, der 1188 erscheint, muß
den Kirchensatz, d. h. das Recht, den Priester zu wählen, besessen
haben. Der Letzte, der dieses Recht sammt allen dazu gehörenden
Gütern und Leibeigenen besaß, war der Freiherr (nobilis) Hugo
um 1240. Nach seinem Tode erbte seine Tochter Ita die väter=
lichen Besitzungen, vermählte sich mit dem Freiheren Johannes von
Weßikon und schenkte die meisten Güter und Rechte 1268 an das
Kloster Kappel.

In der Urkunde von 1268 nun zeigt sich die Oberherrlichkeit
dieses jetzt auf der Höhe seiner Kraft stehenden Geschlechtes, inner=
halb der gesammten Umgegend vollkommen: Ita kann verschenken:
die Höfe um die Burg Freienstein herum, darunter besonders den
Meierhof daselbst, zwei Höfe zu Rorbas, andere Güter in der
Pfarrei Rorbas, zu Bülach, Embrach, Berg, Teingen, die Vogtei
zu Berg und über die Kirchengüter zu Rorbas, Besitzungen am
„Büberg" zu Nußbaumen, Tößriedern, Glattfelden, Buch nebst
leibeigenen Leuten an den genannten Orten.

Damit war nun freilich ein großer Theil des Familiengutes
durch Ita veräußert, welche der religiösen Richtung der Zeit sich
hinzugeben getrieben fühlte, wie sie denn auch nach ihres Gemahls
Tode in's Kloster Töß sich zurückzog. Allein theils ihr Vater Hugo,
theils auch dessen Bruder hatten Söhne hinterlassen, welche nun
die Würde des Hauses vertraten. Von den Söhnen seines Bruders
Kuno — die Namen der übrigen thun hier nichts zur Sache —
treten namentlich Diethelm und Hugo, dann auch Gerhard hervor.
Mit den beiden ersteren erscheint Kuno oft bei wichtigen Verhand=
lungen, besonders 1276 bei einem Tausche zwischen dem Abte von
St. Gallen und einem Freiherren von Regensberg, bei welchem er

mit ihnen sich dafür verantwortlich macht. Beide erscheinen auch
in zahlreichen Urkunden als Zeugen; Gerhard findet sich später als
Mönch im Kloster Einsiedeln. Die weiten Besitzungen und Rechte,
in denen man sie noch findet, zeigen uns den Reichthum des Hauses
schon in den früheren Zeiten: Güter zu Volken, zu Berg, Burg
und Güter Schollenberg, die Mühle zu Hinweil, Güter und Rechte
zu Eschenmosen, zu Neunforn, Wilen bei Hochfelden, zu Teufen,
zu Freienstein und Korbas (hier besitzen sie namentlich Höfe an der
„Brunnensteig" und „im Wiler") erscheinen als ihre Besitzungen
in den noch vorhandenen Kauf= und Lehenbriefen; auch andere
können sie noch gehabt haben, ohne daß die Kunde davon auf uns
kam: was ich erwähnt habe, wurde theils verkauft, theils an geist=
liche Stiftungen verschenkt.

Bei solchen Veräußerungen des Gutes konnte es aber nicht
anders sein, als daß die Familie selbst nach und nach auf gleiche
Weise, wie die Freiherren von Freienstein, herabsank. Die Glieder
derselben verschwinden zusehends und man vernimmt, merkwürdiger
Weise gerade wie bei den Freiherren von Freienstein, seit etwa
1320 nichts mehr von ihnen: ihre Zeit war vorüber.

Welcher Kraft aber der Adel Platz machen mußte und wohin
der Zug der Zeit ging, haben wir schon bei den Freiherren von
Freienstein gesehen: auch die Burg Teufen („Hohenteufen" wie die
Chroniken wissen wollen) soll wie Freienstein durch die Rache der
von den Freiherren angegriffenen Bürger von Zürich 1334 oder
1338 gefallen sein. Theils Abkömmlinge des freiherrlichen Zweiges
derer von Teufen, theils auch Glieder eines untergeordneten Zweiges,
des bloßen Dienstadels von Teufen, der sich neben den Freiherren
unterscheiden läßt, finden sich von nun an eben unter den bürgerlichen
Geschlechtern, oft in angesehener Stellung: Wilhelm von Teufen
war um 1270 und 1290 Schultheiß zu Schaffhausen, wo sich
schon seit 1250 ein Geschlecht „von Teufen" unter den Bürgern
findet, ein anderer Wilhelm saß im Rathe zu Zürich; 1290 war
Johannes, Edelknecht (armiger) von Teufen Bürger zu Winterthur;
ein anderer Zweig erhielt sich als Lehenträger zu Laufen, wo er
Burg und Fischenzen im Rheine seit 1360 besaß.

So endete das Geschlecht dieser Freiherren! Kurz war ihre
Macht, nicht groß und glänzend ihre Thaten; Weniges im Ganzen
wissen wir von ihnen. Aber wie Jedes seinen Zweck und seine
Bestimmung hat, so auch diese Freiherren: unsere Gemeinde verdankt

ihnen geradezu die Entstehung ihres politischen und kirchlichen Da=
seins: ohne sie ließe sich die Entwicklung des Ortes durchaus nicht
denken. Auch das ökonomische und gesellschaftliche Leben war durch
sie bedingt, und man kann sagen, daß, was die Zukunft brachte,
den Keimen nach in dieser Zeit zu suchen ist.

2. Entstehungsart der drei Dörfer.

Wir haben oben gesehen, wie seit alter Zeit zu Rorbas eine
Ansiedlung sich befand. Mit der Zeit bildete sich dieselbe schnell
aus: eine Menge von Höfen, wie wir sehen werden, schloß sich
zusammen und bildete schon um 1180 eine Kirchgemeinde. Eine
Bezeichnung aus dem Jahre 1282 läßt uns auf das Vorhandensein
eines größeren politisch verbundenen Dorfes („vicus“) schließen und
schon finden wir Bewohner mit stehenden Geschlechtsnamen, worauf
wir noch zurückkommen werden.

Dieses „Dorf Rorbas“ umfaßte dem Namen nach aber mehr
als nur das jetzige Dorf dieses Namens auf der linken Seite der
Töß. Es gehörte zu demselben dem Namen nach auch noch das
jetzige Freienstein, das man zum Unterschiede von „Rorbas bei der
Kirche“ „Rorbas bei der Burg Freienstein“ nannte.

Aber wenn auch beide Dörfer dem Namen nach Eins waren,
so müssen sie doch bis unmittelbar vor der Reformation als zwei
kirchlich und politisch getrennte Gemeinschaften betrachtet werden,
von denen die eine, nämlich diejenige zu Freienstein, der andern zu
Rorbas gleichsam nebengeordnet war.

Ein Grund für die Bildung von zwei besonderen Ansiedlungen
lag zunächst in den natürlichen Bedingungen der Gegend. Die
Töß scheidet dieselbe in zwei Hälften und trennt den Fuß des Ir=
chels von demjenigen des Tättenberges, und so bildeten sich auch
von Anfang an zwei örtlich getrennte Niederlassungen zu beiden
Seiten der Töß.

Dazu kamen dann noch die historischen Bedingungen. Denn
gewöhnlich bildeten sich Niederlassungen in der Weise, daß die
Leibeigenen und Angehörigen der Edelleute sich um die Burg der=
selben herum festsetzten. Und so ist es ganz natürlich, daß die
Anfänge des Dorfes Freienstein zu Füßen des Burghügels auf
diese Weise mit der Burg und den Freiherren zusammenhängen,

deren Name *) sich allmählich auf dasselbe übertrug: die Bewohner des Dorfes treten als Leibeigene der Freiherren auf (1314) und sind somit politisch von dem eigentlichen Rorbas im engeren Sinne getrennt.

Was die Entstehungsart des Dorfes Rorbas selbst betrifft, so ist sie im Vergleiche mit Freienstein, und, wie wir sehen werden, auch mit Teufen, unklarer; aber auf alle Fälle eine ganz andere, was schon der Name beweisen möchte, indem derselbe nicht, wie bei Freienstein und Teufen, von demjenigen der Edeln abgeleitet ist, sondern, wie wir gesehen haben, von der Thätigkeit der Alamannen, welche das mit Rohr bewachsene Land urbar machten.

Es ist mir nun wahrscheinlich, daß das Dorf Rorbas gemischten Ursprungs **) ist. Von Anfang an mochten eine gewisse Anzahl freier Leute, sogenannte Gemeinfreie, sich hier niedergelassen haben. Man findet schon im dreizehnten Jahrhundert Spuren davon, indem 1289 neben dem Priester zu Rorbas einige Leute als Zeugen bei einer Verhandlung auftreten, und zwar durchaus selbständig unter besonderen Geschlechtsnamen ("Gyger, Flöter, Winmann") die auch in späteren Jahrhunderten noch vorkommen. Die Art ihres Auftretens, und der Umstand, daß Leibeigene, wie wir aus einer Urkunde von 1314 sehen, gewöhnlich noch ohne Geschlechtsnamen aufgeführt werden, mag uns andeuten, daß sie freie Bauern waren ***). Neben diesen freien Leuten aber saßen noch Hörige verschiedener Herren, wie wir noch sehen werden, sowie solche Leute, welche der grundherrlichen Gerichtsbarkeit †) nach auch zu verschiedenen Herren in Beziehung standen. Offenbar hätten so verschiedene Gerichte sein müssen, weil verschiedene Herren und verschiedene

---

*) Der Name „Freienstein" rührt durchaus von der Burg und Herrschaft her: die letztere war eine ganz freie (eine Freiherrschaft) und also die erstere ein „freier Stein".

**) Ueber diese Art der Entstehung der Gemeinden sehe man die sachkundige Abhandlung von Professor Friedrich von Wyß: „Ueber die schweizerischen Landgemeinden" in der Zeitschrift für schweizerisches Recht, Bd. I.

***) In der besagten Urkunde von 1314 werden alle Hörigen nur mit den Personennamen aufgeführt, siehe den folgenden §, S. 22. Aus den angeführten Geschlechtsnamen übrigens darf man nicht voreilig auf den Beruf schließen, wie dies Johann von Müller (Schweizergeschichte von 1806, Bd. II. S. 137) gethan hat; darüber siehe Bluntschli, Staats- und Rechtsgeschichte von Zürich, 2. Auflage I 154 f.

†) Ueber diese Näheres im zweiten Abschnitt, Kapitel 1, § 1, S. 24.

2

Vogteien da waren. Allein weil das unthunlich war, vereinigte sich die Gerichtsbarkeit in der Hand des größten Grundherren des Dorfes, wie ich bestimmt annehmen zu dürfen glaube, der Frei= herren von Teufen, welche nach einer Nachricht aus dem Anfange des vierzehnten Jahrhunderts nach alter Gewohnheit auch über fremde Hörige innerhalb ihrer Herrschaft richteten. Eben diesen Freiherren hätten wir demnach einen Hauptantheil an der Ausbildung des Dorfes Rorbas zuzuschreiben: sie besaßen hier die meisten Güter und die Gerichtsbarkeit, und stifteten wahrscheinlich die Kirche *).

Ebenso leitet sich von ihnen unbedingt die Entstehung des Dorfes Teufen ab. Es waren hier ursprüglich drei Höfe, auf denen sich die Hörigen der Freiherren von Teufen niederließen, um die Hofgüter zu bebauen. Schon 1275 und 1319 wird Nieder= oder Unter=Teufen genannt, wobei jedoch nicht sicher ist, ob damit das Dorf oder die Burg gemeint sei. Was den Namen betrifft, so hat auch dieser sich, wie derjenige von Freienstein, von der Burg auf das Dorf übertragen; denn mindestens eine der Burgen lag in der Tiefe und bekam daher den Namen, während das Dorf selbst doch ziemlich hoch liegt **).

Wie man sieht, sind es vornehmlich die rechtliche Stellung der Bewohner und der Anbau des Landes, die von entscheidendem Einflusse auf die Ausbildung der Gemeinden gewesen sind und die diese Zeit innerhalb der Entwicklung unserer Ortschaften wie der meisten anderen charakterisirt: wir haben daher hierauf noch ein= gehender unsere Aufmerksamkeit zu richten.

3. Das Land und seine Bebauer.

Es ist bekanntlich das Eigenthümliche der rechtlichen Zustände des Mittelalters, daß nirgends eine ganz durchgreifende Einheit hervortritt: das Land ist zersplittert in viele Herrschaftsgebiete, Höfe

---

*) Schon der Umstand, daß die Freiherren von Teufen zu Rorbas die Kirche müssen gestiftet haben, weist darauf, daß ihnen hier die Gerichts= barkeit zustand; vergleiche dazu S. 31 f.

**) Der Name „Teufen" (in alter Zeit geschrieben: tiufen, tüffen, Tuffon) kann nur unser Wort „Tiefe" (im Dialekte „Tüffi" wie man eigentlich auch sagt „Tüffen") sein. Daher auch der Bach, der zwischen dem Dorfe und dem jetzigen Schlosse vom Irchel herabfließt „Tüffenbach" heißt, weil er durch eine Schlucht sich hinabwindet.

und Einzelgüter, und die Leute sind in verschiedene Stände geschieden und unterscheiden sich oft in bunter Weise nach ihren rechtlichen Beziehungen.

Das sehen wir deutlich im dreizehnten und vierzehnten Jahrhundert in unsern Dörfern.

Jetzt findet man eine Reihe gesonderter größerer oder kleinerer Höfe und Güter, die verschiedenen Herren und Korporationen angehören. Als der älteste und umfangreichste derselben zu Rorbas tritt besonders der Wiler hervor. Wir haben schon darauf hingewiesen, wie derselbe zu den ältesten Theilen der Gemeinde gezählt werden muß. Urkundlich kommt er 1225 als längst bestehend und ausgebildet vor. Die meisten Güter in und um denselben befanden sich in den Händen der Freiherren von Teufen, was uns den Einfluß derselben auf die Besiedlung des Landes zeigt. Aber durch Verkäufe von 1272 bis 1274 kam fast der ganze Wiler mit seinen umfassenden Gütern und seinem reichen Ertrage an das Kloster Töß. Derjenige, welcher den Wiler für das Kloster (das heißt jedoch gleich als ein zinsbares Eigen) bebaute, scheint eine besondere Stellung eingenommen zu haben: er heißt später immer nur „der Bauer ab dem Wiler". Ebenso bedeutend und wichtig war der Hof an der Steig (der jetzigen „Brunnensteig") und zwar nicht sowohl wegen seiner umfassenden Güter als vielmehr wegen seiner wichtigen Stellung als Meierhof. Ueberall nämlich hatten die Grundherren zur Verwaltung der ihnen zugehörigen Güter und Einkünfte, sowie zur Leitung des Gerichtes bei ihrer Abwesenheit, einen sogenannten Meier bestellt, und demselben dafür einen Hof übergeben, welcher dann den Namen „Meierhof" erhielt. Dies war also zu Rorbas der Hof an der Steig; in den ältesten Zeiten befand er sich in den Händen eben der größten Grundherren des Dorfes, der Freiherren von Teufen, bis Hugo und Gerhard von Teufen denselben an das Kloster Einsiedeln vergabten, etwa um 1260, und hernach 1282 an das Kloster Töß verkauften. 1309 kam er endlich für immer an das Stift Embrach, welches dadurch zu Rorbas große Besitzungen bekam. Neben diesen zwei größeren Höfen bestand auch seit alter Zeit — seit der Stiftung der Kirche — der Widemhof oberhalb der Kirche auf dem „Ebnet", über den noch mehr gesagt werden wird, sowie eine Menge größerer und kleinerer Güter unter verschiedenen Besitzern: so wird 1256 ein Hof des Klosters Allerheiligen in Schaffhausen zu Rorbas erwähnt,

1336 der „Alpenhof", und ein anderes Gut, die an das Stift
Embrach kommen, 1379 das sogenannte „Hertengut", das der
Kapelle zu Kyburg zustand, 1367 ein Gut, welches Ritter Egbrecht
von Mülinen·besaß, und andere mehr.

Zu Freienstein war der bedeutendste Hof der Meierhof unter=
halb der Burg, der jetzige „Oberhof". Er erscheint um 1300 als
Eigenthum der Freiherren von Freienstein *), der damaligen größten
Grundherren im jetzigen Gemeindsbanne von Freienstein. Damals
verkaufte Egolf von Freienstein diesen Hof an das Kloster Töß,
welchem derselbe etwa hundert Jahre lang zugehörte. Damals
bestand auch schon der „Grüthof", genannt Schultheißenhof, weil
er den Schultheißen von Schaffhausen gehörte, welche ihn dann
1302 an das Stift Embrach verkauften. An der Steig zu Freien=
stein lag die „Eberlisschuppis", um 1300 im Besitze Heinrichs von
Freienstein, seit 1316 aber dem Stifte Embrach zugehörig. Eben=
falls an Embrach kam im selben Jahre die „Wächtersschuppis",
vorher dem Ritter Heinrich von Girsperg zugehörig, dann 1338
dem Kloster Magdenau bei St. Gallen, 1363 dem Kloster Töß.
Eine „Hube" zu Freienstein, die er als Lehen vom Grafen Rudolf
von Habsburg besaß, verkaufte Freiherr Jakob von Wart 1300 an
das Kloster Töß, eine andere Hube zu Freienstein verkaufte 1338
das Geschlecht der Schultheißen von Randenburg zu Schaffhausen
dem Spitale daselbst. Verschiedenen Herren gehörten somit hier
die Güter: es kommen dazu noch die Freiherren von Teufen, die
laut der schon besprochenen Urkunde von 1268 auch zu Freienstein
Güter und Rechte besaßen.

Zu Teufen war der Meierhof um 1300 eigenthümlicher Weise
Eigenthum der Freiherren von Tengen, sei es daß sie denselben,
wie denjenigen zu Freienstein, ursprünglich schon besaßen, sei es
daß sie denselben, was wahrscheinlich ist, von den Freiherren von
Teufen durch Heirath bekommen haben. Sie verkauften ihn 1315

---

*) Ich weiß nicht, ob dieser Meierhof vielleicht unter jenem „Hof
Rorbas bei der Burg Freienstein" verstanden ist, den 1254 der Freiherr
von Tengen seiner mit dem Freiherren Egolf von Hasle vermählen Tochter
übergab (siehe oben S. 10). Ist dies wirklich der Fall, dann muß, wie
oben ausgeführt worden ist, um diese Zeit die Herrschaft Freienstein erst
an die Freiherren gekommen sein, welche später unter diesem Namen auf=
treten, so daß dieselben nicht von Anfang an hier saßen, sondern an deren
Stelle die Freiherren von Tengen.

an Ulrich und Heinrich von Abliton; 1318 kam er an das Stift Embrach. 1319 verkaufte Freiherr Gerhard von Teufen dem Kloster St. Agnes zu Schaffhausen „die Hofstatt, die in der Hofwiese zu Niederteufen liegt" und die Wege, die zu den Fischenzen gehören. 1316 verkaufte der Schenke Gottfried von Liebenberg die Schuppis „Steglin" zu Teufen sammt allen Gütern und leibeigenen Leuten an das Kloster zu Embrach. 1314 verkaufte Freiherr Eberhard von Teufen dem Kloster Töß zwei Güter unterhalb der Burg Teufen, 1318 tauschte Johannes zum Thor, Kammerherr der Herzoge von Oesterreich, vom Kloster Heiligenberg ein Gut zu Teufen „an der Winden" ein.

Wir sehen: die uns noch erhaltenen Urkunden (und wie viele doch sind nicht mehr erhalten!) zeigen · auch bei uns, wie überall, eine gänzliche Zersplitterung des Grundbesitzes und der Grundrechte; jedes Gut, jeder Hof hat einen besonderen Herren geistlicher und weltlicher Art, der oft weit entfernt ist.

Bei der Betrachtung dieser Thatsachen darf man zugleich auch hoch anschlagen, daß schon eine so beträchtliche Menge Landes sich angebaut findet. Noch jetzt sieht man deutlich, wie sehr früher fast die gesammte Gegend außer, wie schon früher erwähnt worden ist, mit Schilfrohr, auch mit Gehölze bedeckt war *). Es bedurfte eines energischen Fleißes, um so viel Boden für die Kultur zu gewinnen.

Aehnlich wie mit den Gütern stand es auch mit den Menschen, welche dieselben bebauten: auch sie sind streng abgestuft und meistens Eigenthum verschiedener Herren. Man darf sich daran nicht stoßen; denn in völligem Gegensatze zu den Begriffen der Neuzeit war im Mittelalter die „ewige" Rangordnung der Menschen nach Stand

---

*) Ein bloßer Blick auf die Gegend lehrt, daß die ganze Strecke der „Wagenbrechstraße" früher mit Waldung bedeckt war, indem die Waldung am Tättenberg mit derjenigen oberhalb der Töß zusammenhieng; ebenso waren die jetzigen „Pünten" in der Holzrüti ganz mit Gehölz bedeckt, und zu Freienstein reichte (nach Andeutungen der Urkunden) das Gehölz des Riberg und Irchel fast bis zur Töß hinab. Auch viele Lokalnamen weisen darauf, daß Gegenden, wo jetzt längst Aecker und Wiesen liegen, früher mit „Holz" bewachsen waren; z. B. „Bucheli", „Buchwiesen" (von der Buche), „Birchhalden" (Birke), „Eich", „Forren", „im Holz", „Kohlholz", „im Loo" (d. h. im Wald), „in Stöcken" (wo Holzstöcke ausgereutet worden sind).

und Recht ein Grundprinzip, ohne welches man nicht leben zu können glaubte.

Die Leibeigenen oder Hörigen bebauten die Güter ihres Herren, dem sie den Ertrag ablieferten. Der Herr konnte sie verkaufen, gewöhnlich mitsammt dem Gute. Aber ganz rechtlose Sklaven waren sie niemals: ein gewisses Recht hatten sie doch auf ihrer Habe, und gesetzlose Willkühr war dem Herren ihnen gegenüber nicht erlaubt. Nur nach dem Tode des Leibeigenen durfte der Herr nach Belieben das beste Stück Vieh im Stalle („Besthaupt") nehmen, oder wenn keines da war, war die beste Fahrhabe ihm verfallen („Fall") zum Zeichen, daß alle Habe des Hörigen im letzten Grunde als Eigenthum des Herren galt.

In dieser Stellung befand sich ursprünglich ein großer Theil unserer Gemeindsbewohner. Die Freiherren von Teufen und von Freienstein hatten zu Teufen und zu Rorbas leibeigene Leute. 1314 verkaufte Johannes von Freienstein seine Eigenleute Konrad, dessen Frau Elsbeth und ihre Kinder Konrad, Hedwig, Adelheid, Anna, und Ulrich Bruder des Konrad, und Bertha dessen Frau und ihre Kinder Rudolf und Johannes, und Adelheit, des genannten Konrad und Ulrich Schwester, alle Leute zu Rorbas beziehungs= weise Freienstein, um 13 Mark Silbers (etwa 312 fl.). Ita von Teufen schenkte 1268 ihre Eigenleute zu Rorbas mit einigen Aus= nahmen an das Kloster Kappel. 1393 übergab Mathias Hoppler, Chorherr am Großmünster, diesem Stifte seine Leibeigene Adelheid Frei von Rorbas. 1439 vertauschte Heinrich von Hettlingen dem Kloster Töß gegen zwei Leibeigene von Rutschweil zwei andere Leibeigene, darunter Konrad Bretscher von Rorbas (Freienstein). 1440 vertauschte das Kloster Töß seinen Hörigen Hans Tünki von Rorbas an Hans zum Thor von Teufen. Um die Mitte des fünfzehnten Jahrhunderts besaß das Stift Reichenau eine Anzahl Leibeigene zu Teufen und zu Rorbas, verlieh seine Rechte jedoch an den Gerichtsherren zu Teufen. Auch das Stift Embrach besaß seit alter Zeit Leibeigene hier, bis zur Reformation.

Die Hörigkeit dieser Leute dauerte dem Prinzipe nach „ewig"; allein es gab doch schon zu dieser Zeit Wege, auf welchen sie zur Freiheit gelangen konnten. Einmal nämlich standen die Leibeigenen von Kirchen und geistlichen Stiftungen stets viel freier, als die= jenigen von weltlichen Herren, und so war es schon ein Schritt zur Freiheit, wenn Hörige an geistliche Stiftungen kamen und damit „Gotteshausleute" wurden. Auch bei uns gab es sehr viele solche Gotteshausleute, wie wir schon gesehen haben und später noch sehen werden. Sodann wurden auch bisweilen Hörige sogar frei gelassen.

Immerhin darf man die Anzahl der freien Bauern sich nicht allzu groß vorstellen. Auch bei uns müssen sich von Anfang an, wie wir bemerkt haben, solche vorgefunden haben: sie bildeten den wahren Kern der Gemeinde, welche um die Mitte des vierzehnten Jahrhunderts als ausgebildete Genossenschaft auftritt.

Und da erhebt sich denn die wichtige Frage: wie konnten bei der großen Zersplitterung aller Güter und Rechte einheitliche Bande sich entwickeln, welche die Bildung von Gemeinden veranlaßten?

Die Beantwortung dieser Frage hängt enge zusammen mit derjenigen nach der Verbindung unserer drei Dörfer unter einander, deren Betrachtung uns in eine neue Epoche versetzt.

Zweiter Abschnitt.

Die Verbindung der drei Dörfer.
(Bis 1513.)

Erstes Kapitel: Anfänge der Gemeindeverfassung.

1. Die Gerichtsherrschaft Teufen-Rorbas.

Ein bedeutendes Mittel, die Insaßen eines Dorfes zu verbinden und zu einem politischen Ganzen zu gestalten, bildete die Zugehörigkeit zu ein und derselben Gerichtsherrschaft. Es war dies bei uns um so mehr der Fall, als die Gerichtsbarkeit hier, so viel ich sehe, nicht, wie an vielen Orten, in grundherrliche und vogteiliche geschieden war.

Aber es waren zu dieser Zeit, wie wir schon gesehen haben, nicht alle drei Dörfer durch diese politische Beziehung verbunden. Denn Freienstein, das heißt also im Sinne dieser Zeit Rorbas jenseits der Töß, stand der Gerichtsbarkeit nach unter den Freiherren von Freienstein: eine Aufzeichnung in einem Urbar der Herrschaft Oesterreich aus dem Anfange des 14ten Jahrhunderts sagt, daß Johannes von Freienstein zu Rorbas (jenseits der Töß) über „Dieb und Frevel" *) richte. Es bildete so Freienstein bis Ende des 15ten Jahrhunderts, wie wir sehen werden, eine gesonderte Gerichtsherrschaft.

Dagegen muß man wohl annehmen, daß von Anfang an die Gerichtsbarkeit über das Dorf Rorbas zu Teufen gehörte **). Denn wir haben schon mehr als einmal betont, daß hier die Freiherren

---

*) Dieser Ausdruck bezeichnet allerdings nur die vogteiliche, nicht aber die grundherrliche Gerichtsbarkeit; allein es ist gar kein Anhaltspunkt dafür vorhanden, daß die letztere nicht auch den Freiherren zugestanden hätte.

**) Man vergleiche dazu S. 18.

von Teufen am meisten Grundbesitz hatten: sie besaßen auch die Kirchenvogtei und den Meierhof daselbst. Und zu einer entgegen= gesetzten Annahme wenigstens liegen keine Gründe vor *); vielmehr stimmt sehr gut damit der Umstand, daß noch im 15ten und 16ten Jahrhundert die Gerichtsbarkeit über Korbas stets als zu Teufen gehörig vorausgesetzt wird: es war dieselbe alt hergebrachtes Eigen= thum der Herrschaft Teufen und deren Besitzer, ohne daß die letzteren für dieselbe einer besonderen Belehnung oder Bestätigung nöthig gehabt hätten, wie z. B. für diejenige von Freienstein, die erst später erworben wurde.

Seit dem Jahre 1315 nun war diese Gerichtsherrschaft Teufen= Korbas in den Händen der Edeln „zum Thor", worauf ich in einem anderen Zusammenhange zurückkommen werde, und ihnen verblieb sie im Ganzen zwei Jahrhunderte lang. Von ihnen erschien der jedesmalige Inhaber der Gerichtsbarkeit, natürlich wie überall festlich empfangen, zu Korbas, wo er zweimal im Jahre unter der Linde **) Gericht hielt, wie dies aus einer uns noch erhaltenen Verhandlung vom Jahre 1365 hervorgeht.

Neben der Behandlung jedesmal vorliegender Fälle bildete es eine Hauptangelegenheit bei diesen Gerichten, daß die alten Ord= nungen und Gebräuche des Dorfes und der Herrschaft vorgelesen, wie man sagte, „eröffnet" wurden, von welchem Ausdrucke her die Pergamentstreifen, auf welchen diese Ordnungen aufgezeichnet waren, „Oeffnungen" genannt wurden. Die Bestimmungen derselben waren altes Herkommen; denn keineswegs wurden sie erst zu der Zeit festgesetzt, in welcher sie auch aufgezeichnet worden sind: sie waren vielmehr ganze Jahrhunderte von Mund zu Mund fortgepflanzt worden, wobei gewöhnlich die Aeltesten des Dorfes sie beim Gerichte vorbrachten. An vielen Orten unterblieb die schriftliche Aufzeichnung derselben sehr lange, wie wir dies später am Beispiele von Freien= stein sehen werden. Die „Oeffnung" des Dorfes Korbas nun wurde am Dienstag nach St. Nikolaustag (d. h. 12. Dezember) des

---

*) Die Angaben der Chroniken, daß die Gerichte über das Dorf Korbas den „Edeln von Korbas" gehört hätten, beruhen auf rein Nichts und sind somit unhaltbar.

) Ich habe über die Existenz dieser Linde, von der jetzt längst keine Spur mehr vorhanden ist, keine anderen Nachrichten mehr; ich zweifle aber nicht, daß dieselbe auf dem „Platze" gestanden habe, vor dem Hause des Herrn Präsidenten **Dr. Ganz.

Jahres 1406 im Beisein besonders genannter Zeugen *) und der ganzen Gemeinde niedergeschrieben, und ist am Montag in der Char=woche 1521 von Jörg Hoch, Priester zu Embrach gelesen und von der Gemeinde neuerdings bestätigt worden. Allein ihre Bestim=mungen datiren aus viel älterer Zeit: wir werden z. B. zwei solche finden, welche schon minbestens 1310 und 1314 in Kraft waren, und so sehr wurde an denselben festgehalten, daß die Off=nung 1521 ganz unverändert blieb, obgleich eine gewisse Bemerkung damals nachweislich unrichtig war **).

Vergegenwärtigen wir uns nun in Kurzem, wie diese „Off=nung" das Verhältniß der Gemeinde zur Herrschaft von Teufen bestimmt!

Die räumliche Ausdehnung der grundherrlichen Gerichte, „Zwing und Bann" genannt, fiel mit dem Umfange des Dorf=bezirkes zusammen und wird durch folgende Gränzen bestimmt: „auf Wagenbrechen, auf Tättenberg, zu dem Grauenstein auf Eglishofstetten, (auf dem jetzigen „Steinbruch" oberhalb des Wirths=hauses zum „Adler") im Oberhof an den Bäbstein und in dem Tüfenbach an die wasige Halden". Was innerhalb dieser Ziele geschieht, darüber hat ein Herr von Teufen zu richten, über alle Frevel, ausgenommen todeswürdige Verbrechen.

In diese Gerichtsherrschaft über den Dorfbezirk gehörten nun alle Insaßen ohne Ausnahme. Auch die unfreien Leute, die neben den freien Bauern saßen und, wie wir oben schon gesehen haben, Leibeigene der verschiedensten weltlichen und geistlichen Herren waren, standen unter diesem Gerichte und gehörten so zum politischen Verbande des Dorfes. Wir erfahren dies schon aus einer Nachricht vom Jahre 1314 über Leute zu Freienstein ***), welche der Frei=herr Heinrich von Freienstein dem Chorherrenstifte Zürich zu Eigen übergab. Hiebei schloß nämlich dieser Freiherr mit dem Stifte den

---

*) Es mag für einige Gemeindsgenossen von Interesse sein, zu wissen, was für Geschlechtsnamen damals vorkamen; deßhalb führe ich die Zeugen hier auf: Uli Fischer, Heini Merk, Hans Chin, Hans Winkler, Hans Lan=bolt (d. h. Landert), Hans Hunolt, Uli Müller, Bütenholzer, Curi Hug, Hans Schneider, Hans Frei, Burgi Wezel, Heini Mejer, Hans Beutsch, Heini Bülant, Heini Wyß, Rudi Egescheter, Hans Wygant.

**) Es heißt nämlich immer noch, der Widemhof gehöre nach Constanz, während er seit der Mitte des 15ten Jahrhunderts dem Chorherrenstifte Großmünster zugehörte.

***) Siehe oben S. 22.

Vertrag, daß diese Leute ihm selbst 10 ß. Vogtsteuer und noch 15 ß. zahlen müssen, wogegen er sie schirmen solle, wie seine eigenen Leute, nur sie nicht wieder ihren Willen zu einem Dienste zwingen dürfe: sie blieben also noch seine Vogtleute, obgleich sie Leibeigene eines fremden Herren geworden waren *). Dem gemäß setzt auch die „Offnung" von Rorbas fest, daß alle Gotteshausleute, das heißt Leibeigene von Klöstern und Kirchen, deren es, wie schon früher bemerkt, bei uns eine große Zahl gab, jährlich dem Herren zu Teufen ein Fastnachthuhn entrichten und ihm mit zwei „Tagwen" dienen sollen, wie alle Gerichtsangehörigen, und dafür solle sie der Herr vor anderen schirmen wie seine eigenen Leute. Und wenn nun solche Gotteshausleute wegziehen wollen — so bestimmt die Offnung weiter in merkwürdiger Uebereinstimmung mit einer Auf= zeichnung des Urbars der Herrschaft Oesterreich ungefähr aus dem Jahre 1310 — soll man sie nicht mehr zurückhalten, wenn sie etwa schon über den Gemeindebann hinausgekommen sind: der Vogt, der Herr von Teufen „jagt ihnen nach" bis an die Gränze, aber darüber hinaus gekommen darf er sie nicht mehr zurückziehen, ausgenommen es seien „St. Johannesleute" (welcher Ausdruck wohl nur die Leibeigenen der Kirche Rorbas bezeichnen kann, die ja den St. Johannes zum Schutzheiligen hatte). Alle Gotteshaus= leute müssen, so sagt die Offnung, zum Gerichte zu Rorbas kommen: das muß ihnen der Vogt gebieten, und wer das Gericht „verschmäht" (demselben nicht beiwohnt) zahlt dem Vogte 3 ß. Buße, ausgenommen er könne sich genügend entschuldigen.

Dieser Umstand, daß alle Dorfbewohner ohne Ausnahme der Gerichtsbarkeit des Herrn unterlagen und seinem Gerichte beiwohnen mußten, bildete, wie schon angedeutet, ein mächtiges politisches Band, das dieselben für immer zusammenhielt.

Von allen möglichen „Freveln" bekommt nun der Herr „zwei= faltige Buße" (d. h. zwei Drittel), und weil derselbe eigentlich Eigenthümer des gesammten Grund und Bodens war, so mußte jedesmal, wenn die Gemeinde Holz oder Feld verkaufte, der dritte Theil des Erlöses dem Herrn zufallen. Dafür belieh derselbe den Hirten und den Förster. Dem Herrn gehörte auch das Tavernen= recht im vollsten Umfange zu. —

---

*) An diesem Beispiel eines allgemeinen Rechtsverhältnisses denkt Bluntschli, Staats= und Rechtsgeschichte von Zürich, S. 190 (Anmerkung 157).

In dieser Weise bestimmt die Offnung das Verhältniß der Bewohner des Dorfes zum Vogtherren. Man wird aus den Bestimmungen klar sehen, daß von einer eigentlichen Beherrschung jedes Einzelnen, in welcher Form man sich diese Dorfherrschaften gewöhnlich denkt, keine Rede sein kann. Das Recht des Herrn, zu gebieten, vollzog sich stets nach den bestimmten herkömmlichen, meist allgemein gebräuchlichen Formen, und zu der ganzen Gemeinde als solcher stand er bloß als Vertreter oder Beistand und niemals als „Herrscher", wie das allerdings in späterer Zeit (im 17ten Jahrhundert) angestrebt worden ist. Ja neben dem Herren hatte die Gemeinde für sich eine gewisse Selbständigkeit, welche in ihren ebenfalls in die Offnung aufgenommenen Gemeindeordnungen zu Tage tritt.

2. Gemeindeordnungen zu Rorbas.

Ehe noch der gerichtsherrliche Verband in vollkommen ausgebildeter Weise politisch die Gemeinde umschloß, waren die Dorfbewohner selbst unter sich als Ganzes geeinigt in der gemeinschaftlichen Thätigkeit der Landwirthschaft, die sich nach bestimmtem Herkommen vollzog. Jedermann weiß ja, daß alle Gemeinden noch bis vor einigen Jahrzehenden ihre Landwirthschaft nach gemeinsam festgesetzten Ordnungen betrieben und es Niemandem erlaubt war, diese Zelgordnungen zu überschreiten.

Zunächst mußten, laut der Offnung, alle Wege und Stege in bester Ordnung sein und ihre bestimmte Richtung und Breite haben. Sie sind daher alle genannt und man staunt über die Menge derselben *), von denen die meisten jetzt noch existiren. Die Bestimmungen darüber sind natürlich vom Verkehr in Holz und Feld hergenommen, z. B. wird gesagt, der Weg von Fritschishalden bis in's Mittlerriedt solle nicht „weiter" sein, als daß eine Frau mit einer „Burde" Holz darauf gehen könne. Und der Weg von Rorbas zu Herrensteg und am Graben auf bis zum Kreuz

---

*) Es werden folgende aufgeführt: Der Weg von der Widem durch die Winterhalden bis Rotzibuch, der Geernweg, der Weg von Fritschishalden bis Mittlerriet, der Brachweg vom Wilerbach bis in's Aspi, der Kirchweg von Alpen, der „untere" Weg von Rorbas bis an den Bruggbach, die Auengaß (Nauengäßli), der Kirchweg gegen Teufen, der Allmendweg, der Pfarrhausweg.

(welches damals nach katholischer Sitte unterhalb der jetzigen Trotte stand) soll so weit sein, daß man bei einem bestimmten Hause mit einer „Burde" Heu vorbeigehen kann.

Jeden Garten, jede Pünt, jeden Wingert (Weingarten Reb= stück) soll man „vermachen" (umzäunen) damit kein Schaden geschehe, wo nicht, so soll der Betreffende den Schaden zahlen. Derjenige ferner, welcher den äußersten Acker der Korn= und Haberzelg besitzt, muß dieselbe dort „vermachen", wo nicht, so soll er den Acker als Allmend (Gemeindsgut) liegen lassen und der Nächste nach ihm „vermachen". Wie jeder Acker und jeder Garten, so soll auch das ganze Dorf umzäunt sein, und die Offnung bestimmt auf's genaueste den Umfang der „Ehfaden" (des Dorfetters).

Was die Viehwirthschaft betrifft, so bestimmt die Offnung, daß stets nur der Inhaber der Widem „allen Fasel haben", d. h. den Faselstier, das Faselschwein, die Faselziege u. s. f. halten soll, dafür soll man ihm von jeder Ziege zwei Pfenninge geben, ebenso von einem Kalbe; von einem „Imb" (Bienenschwarm), den man ausstößt oder der wegzieht, soll man ihm 4 Pfenninge geben. Das Vieh wurde auf die Allmend getrieben und vom Gemeindshirten geweidet, das Weidfahren Einzelner für sich war verboten. Der Hirt, ähnlich wie der Förster, wurde von der Gemeinde, der so= genannten „Bauersame" gewählt und dann nur vom Herrn nach= träglich beliehen, ein Verhältniß, welches uns besonders die selb= ständige Stellung der Gemeinde neben dem Herren zeigt.

Das selbständige Handeln der Gemeinde zeigt sich aber noch viel deutlicher in anderen Bestimmungen. Die ganze Gemeinde von Korbas hatte, ganz unabhängig vom Herrn, das Recht, vier „ehrbare" Männer zu wählen, welche von demjenigen, der Wein ausschenken wollte, Rechenschaft darüber verlangten, wie er den Wein gekauft habe, und bestimmen sollten, wie er den Wein aus= schenken soll. Und jeder Wirth soll Weißbrot haben, und wenn er es nicht hat, ist er fünf Schilling Frevel verfallen, es sei denn daß sein Bote schon auf dem Wege ist, um Weißbrot zu holen, oder daß er das Mehl in der „Backmulten" hat. Und zur Herbstzeit soll er alten Wein neben dem neuen haben, bis der letztere „lauter" geworden ist; diesen kann er dann bis St. Martinstag verkaufen, ohne daß die vier Männer ihn schätzen. Diese vier Männer bilden die Grundlage für die spätern Gemeindevorsteher.

So sehen wir die Gemeinde selbständige Verfügungen treffen über Weg und Steg, Umzäunungen, Viehwirthschaft, Landbau und Dorfaufsicht.

Der Hauptpunkt aber, in welchem sich die Selbständigkeit der Gemeinde am Deutlichsten zeigt, war die Verfügung über die Allmendgüter, die Güter, welche der gesammten Gemeinde angehörten. Mit diesen konnte die Gemeinde als solche, wenn auch mit Bestätigung des Herren, schalten und walten, wie sie wollte. So verkaufte 1365 „die Gebursame gemeinlich des Dorfes zu Rorbas" dem Propste des Stiftes Embrach 1 Juchart Acker „in Auen", die ihr Aller Allmend und Gemeinwerk war, gegen einen Weg hinter des Stiftes Embrach Meierhof, und befreite das Stift von der Verpflichtung, diesen Weg zu unterhalten und zu verbessern, wenn er verwüstet würde. Ja die Gemeinde stellte darüber eine besondere Urkunde aus, die erst nachher der Gerichtsherr Johannes zum Thor zu Teufen, als er öffentlich zu Rorbas unter der Linde Gericht hielt, bestätigte und besiegelte, da die Gemeinde (wie die meisten anderen Dorfgemeinden) ein eigenes Siegel nicht hatte. Sechszig Jahre später (1426) tritt die Gemeinde als solche klagend gegen das Stift Embrach auf, wegen eines Weges oberhalb des Steinbruches, weil Embrach meinte, es sollte ein Fußweg sein, die Gemeinde dagegen, ein Karrenweg *).

In allen diesen Thatsachen bemerkt man das Auftreten und die Thätigkeit der „Bauersame" als einer politischen Einheit.

Diese innere Einheit der sonst durch so verschiedenartige Rechtsansprüche getheilten Dorfbewohner vollzog sich auch auf kirchlichem Gebiete. Die Kirche bildete ein mächtiges Band **), welches die Dorfeinwohner und die Bewohner der Höfe umschlang. Es ist daher hier der geeignete Ort, auf die Entwicklung des kirchlichen Verbandes einzugehen, wenn dieselbe sich auch nicht chronologisch genau an das Vorhergehende anfügt.

---

*) Nachdem Hans zum Thor, der Gerichtsherr, erfahren hatte, daß vor alter Zeit an dem alten Orte nur ein Fußweg gewesen sei, entschied er zu Gunsten des Stiftes. Allein auf Zureden seines Oheims Petermann von Hasle und Anderer, vergönnte er „aus Gnaden und nicht von Rechtes wegen" die fernere Existenz eines Karrenweges.

**) Darauf macht Prof. F. v. Wyß in seiner schon erwähnten Abhandlung über die schweizerischen Landgemeinden aufmerksam.

Zweites Kapitel: Die kirchliche Verbindung zwischen Rorbas und Teufen.

1. Die Stiftung der Kirche.

Es wird niemals möglich sein, das Dunkel zu durchdringen, welches die Anfänge des christlichen Glaubens in unserer Gegend umhüllt. Vermag man doch nicht einmal die Anfänge des eine halbe Stunde entfernten „Gotteshauses" (Klosters und später Chor= herrenstiftes) Embrach zu bestimmen; man weiß nur, daß dasselbe im 11ten Jahrhundert bereits bestand.

Allem Anscheine nach (siehe S. 34) muß unsere ganze Gegend zur Kirche Embrach gehört haben, ehe zu Rorbas eine besondere Kirche erstand.

Es mochte der christliche Glaube übrigens schon lange herrschen, bevor eine Kirche gestiftet worden war; denn dazu bedurfte es eines Stifters, der umfassende Güter und Rechte besaß und so im Stande sein konnte, aus seinen Einkünften die Kirche mit Gütern auszu= statten und einen Priester zu erhalten. Die Möglichkeit einer solchen Stiftung stand so nur den höheren Ständen, den Edelleuten jener Zeit zu, und diese treten ja erst mit dem 10ten und 11ten Jahr= hundert in unseren Gegenden auf. So sind es denn bei uns die Freiherren von Teufen, welchen wir die Stiftung der Kirche ver= danken, sie, die in unserem Thale am meisten Grundbesitz und am meisten Rechte besaßen, und welchen wir auch namentlich die grund= herrliche Gerichtsbarkeit zu Rorbas zuschreiben mußten.

Denn da sie in den nachweislich ältesten Zeiten (Mitte des 13ten Jahrhunderts) alle Rechte und Güter des Kirchenpatronates *), sowie die Vogtei über die Kirche besaßen, so unterliegt dies nach dem Beispiele so vieler anderer Kirchen keinem Zweifel **).

Die Kirche war gegründet zu Ehren des heiligen Johannes des Täufers, dessen ehrwürdige Gestalt mit dem Lamme, das ein

---

*) Patronat bedeutet „Schutzherrlichkeit", Patron „Schutzherr", ein gewöhnlicher Ausdruck für die kirchlichen Verhältnisse dieser Art.
**) Fast überall stifteten die Grundherren die Kirche der Gemeinde; siehe F. v. Wyß a. a. O.

Kreuz trägt. 1275 im Siegel des Kirchherren oder der Kirche erscheint. Sie war ausgestattet (wie man sagte „bewidmet" — daher der Name „Widem" für die Höfe und Grundstücke der Kirche) wie wir sehen werden, mit einer hübschen Anzahl Güter, aus denen der Priester erhalten wurde.

Was aber nun die Freiherren von Teufen zu dem Entschlusse gebracht haben mag, eine solche Pfründe und Kirche zu stiften, ist nicht mehr zu erkennen: es mochte neben dem Wunsche, sich dem herrschenden Glauben gemäß ein ewiges Verdienst zu erwerben, wesentlich das vorhandene praktische Bedürfniß sein, welches sie dazu bewog; denn die Zahl der Bewohner war groß, so daß eine selbständige kirchliche Vereinigung zur Nothwendigkeit wurde. Zudem stand ihnen ja sehr wahrscheinlich zu Rorbas die Gerichtsbarkeit zu.

Wann jedoch diese Stiftung erfolgt ist, das läßt sich nicht mehr bestimmen: nur das wissen wir, daß sie am Ende des 12ten Jahrhunderts schon vorhanden war, indem 1188 Cuno der Leutpriester zu Rorbas mit dem Freiherren Cuno von Teufen (vermuthlich dem damaligen Patrone der Kirche) bei einer Verhandlung in der Kirche Bülach als Zeuge erscheint.

Wie es oft zu geschehen pflegte, blieb der Kirchensatz aber nicht lange in denselben Händen. Hugo von Teufen um 1230 war der Letzte dieses Geschlechtes, der denselben inne hatte. Als sich nun seine Tochter Ita *) mit dem Freiherren Johannes von Wetzikon vermählte, erbte sie alle Rechte über die Kirche Rorbas sammt den dazu gehörigen Gütern: denn durchaus noch als erbliches Familieneigenthum galt die Stiftung. Aber indem Ita dem damals allgemein herrschenden Zuge der Menschen nach wohlthätigen Vergabungen folgte, schenkte sie am 11. Mai 1268 ihre Höfe zu Rorbas bei der Burg Freienstein und bei der Kirche sammt dem Patronsrecht, und der Vogtei über die Widem der Kirche dem Abt und Kloster zu Kappel, und verzichtete für immer darauf. Nur äußerst kurze Zeit behielt auch dieses Kloster den Pfarrsatz zu Rorbas in seinen Händen: am 25. September 1269 schon schenkte es alle vorgenannten Güter und Rechte dem Bischofe und der Kirche Konstanz gegen völlige Ueberlassung der reichen Kirche zu Beinwyl

*) Man vergleiche dazu S. 14.

im Kanton Aargau. In dieser Weise pflegte man mit den kirch=
lichen Stiftungen damals zu verfahren: man kaufte und verschenkte
sie und suchte daraus Gewinn zu ziehen.

2. Die Pfarrei.

Dadurch war nun der mächtige Bischof von Konstanz, zu
dessen Bisthum das ganze jetzt zürcherische Gebiet gehörte, Besitzer
des Kirchensatzes zu Norbas geworden. Als Patron der Kirche
mußte er nach den damaligen Rechten dieselbe schirmen und vor
geistlichem, wie weltlichem Gerichte vertreten, ferner die Kirchengüter
verwalten und aus dem Ertrage den von ihm gewählten und der
Gemeinde vorgestellten *) Leutpriester erhalten. Was darüber ging,
zog er zu seinem Nutzen.

Aber es ist nicht anzunehmen, daß der Bischof selbst alle diese
Sorgen um eine doch immerhin unbedeutende Kirche übernommen
habe, und da wir nun nicht lange nachher einen sogenannten
„Kirchherren" (rector ecclesiæ) von Norbas finden, so ist wahr=
scheinlich, daß derselbe nach allgemein herrschendem Gebrauche, die
Kirche eben einem „Kirchherren" verlieh, der alsdann die Verwaltung
der Kirche zu besorgen hatte und den Leutpriester bestellte.

Die Hauptsorge des Kirchherrn wendete sich ganz der Oekonomie
der Kirche zu, aus welcher er möglichst viel Nutzen zu ziehen an=
gewiesen war. So machte 1275 Konrad von Klingenberg, eben
jener vom Bischofe gesetzte Kirchherr von Norbas, einen vortheilhaften
Tausch, indem er dem Kloster Töß einige Widemgüter der Kirche
Norbas in Gräßlikon und Oberglatt, die jährlich 50 ß. ertrugen,
für immer überließ gegen vier Schuppisen (eine Schuppis ist der
vierte Theil eines Hofes) im Dorfe Norbas, deren Ertrag 55 ß.
war. Der Patron der Kirche, Bischof Rudolf von Konstanz, gab
dem Tausche seine Bestätigung. In eben demselben Jahre 1275
mußte Konrad von Klingenberg gleich allen anderen Kirchherrn
und Leutpriestern den zehnten Theil seines Einkommens (oder der
Kircheneinkünfte) dem Papste zu einem Kreuzzuge abliefern. Eidlich
versicherte er, daß die Kirche 15 Mark Silbers Einkommen habe,

---

*) Nach einer Urkunde von 1275 besaß der Bischof das „jus præ-
sentandi", also den Priester zu „präsentiren".

also ungefähr 360 fl. *). Wir sehen daraus, daß die Freiherren von Teufen dieselbe mit nicht geringen Einkünften bedacht hatten; denn z. B. die Kirche Uster, die doch von bedeutenderem Umfange war, indem sie mehrere Altäre und Kapellen noch umfaßte, hatte ganz dasselbe Einkommen **). Wie uns sodann eine Urkunde von 1405 zeigt, besaß die Kirche selbst leibeigene Leute, und wahrscheinlich versteht die Dorfoffnung eben solche unter dem Ausdrucke „St. Johannesleute"; denn die Leibeigenen der Kirche wurden stets nach dem Schutzheiligen benannt ***).

Den Bischöfen von Konstanz verblieb der Kirchensatz bis zum Beginne des 15ten Jahrhunderts. Am Ende des 14ten jedoch muß einer der Bischöfe denselben sammt den dazu gehörenden Gütern als Leibbing an Diethelm von Gerwyl übergeben haben, welcher Chorherr der Propstei Großmünster war: wir finden ihn 1385 als Kirchherrn: er verleiht als solcher „zum Nutzen des Gotteshauses Rorbas" ein Stück Land aus dem Widemhofe. Und 1405 büßt er einen Leibeigenen der Kirche, weil dieser sich mit einer Frau verheirathet hat, welche nicht auch Hörige der Kirche Rorbas war †). Durch ihn wohl kam dann, wahrscheinlich nach seinem Tode, der Kirchensatz sammt allen Gütern und Rechten an das Chorherrenstift Großmünster zu Zürich, das bis in's 19te Jahrhundert (1832) im Besitze derselben verblieb.

Damit ist aber nun auch Alles erschöpft, was uns an Nachrichten über die älteren Zeiten der Kirche vorliegt. Wie spärlich dieselben jedoch auch sein mögen, sie genügen uns doch, zu zeigen, daß mindestens schon im 13ten Jahrhundert nicht etwa bloß eine kleine Kapelle hier gestanden hat, sondern eine größere Pfarrkirche ††),

---

*) Denn eine Mark Silbers galt 1275 24 fl. heutigen Geldwerthes (wie ich dem „Freiburger Diöcesanarchiv" entnehme, welches diese Zehntenrodel abgedruckt bringt).

**) Nach Berechnung von Sal. Vögelin: „Die Kirche von Uster", S. 15.

***) Davon mag auch der im 16ten Jahrhundert oft vorkommende Name „St. Johannsen Pfrundgüter" herrühren.

†) Es war diese Strafe ein allgemeiner Brauch; denn eine solche „ungenossame" Ehe war unerlaubt, weil über den rechtmäßigen Eigenthümer der Kinder gestritten werden konnte. Der Hörige der Kirche war Heinrich Volkart von Niederglatt, seine Frau, die Tochter Konrad Blatters, des Besitzers der Obermühle zu Bülach.

††) „ecclesia parrochialis" nennt die Urkunde von 1268 dieselbe ausdrücklich.

deren Existenz durch nicht geringe Güter und Einkünfte gesichert war. Sie selbst gehörte zum Dekanate Dynhart, wie wir aus dem Zehnten=Rodel von 1275 erfahren.

Die Pfarrgemeinde hatte jedoch noch nicht denjenigen Umfang, wie heutzutage: nur Rorbas diesseits der Töß und das damals noch kleine Teufen mit dem Schlosse daselbst gehörten dazu: diese waren also für alle Zukunft, wie durch die politische, so nun auch durch die kirchliche Gemeinschaft verbunden.

Das spätere Freienstein, d. h. im Sinne jener Zeit „Rorbas jenseits der Töß am Freienstein", gehörte zur Pfarrei Embrach. Es mochten nämlich ursprünglich auch Rorbas und Teufen kirchlich zu Embrach gehören, bis die Freien von Teufen zu Rorbas eine Kirche stifteten. Die letztere war natürlich nur für die Herrschafts- angehörigen der Freiherren zu Teufen bestimmt, so daß Freienstein, welches eine besondere Herrschaft unter den Freiherren daselbst bildete, davon ausgeschlossen war. Diese Zugehörigkeit von Freien- stein zur Kirche Embrach setzt schon die bekannte, freilich unverbürgte Sage vom Einsiedler am Irchel voraus, indem sie ausdrücklich berichtet, es sei derselbe, nachdem ihn sein Genosse erschlagen habe, zu Embrach begraben worden *).

Ehe nun das Dorf Freienstein sich auch der Pfarrei Rorbas anschloß, mußten sie unter eine gemeinsame Herrschaft geeinigt werden: auf welche Weise sich Beides vollzog, werden wir im Fol- genden betrachten.

---

*) Die Sage vom Einsiedler am Irchel ist allgemein bekannt. Ich habe früher annehmen zu müssen geglaubt, daß diese sich erst später aus einem geschichtlichen Vorfalle von 1450 entwickelt habe. In diesem Jahre nämlich wurde, laut einem Auszuge des bekannten Sammlers geschichtlicher Aufzeichnungen Pfr. Dürstelers zu Ehrlibach aus dem jetzt verlorenen Raths- buche, der Bruder (Einsiedler) am Irchel von vier Räubern niedergeworfen und seiner Pfenninge und anderer Dinge beraubt, wofür dieselben mit dem Tode bestraft wurden. Allein die alte Sage zeigt doch so ganz anderen Charakter in ihren Ausführungen, daß die Sache bei näherer Prüfung unwahrscheinlich ist. Dazu kommt als sehr gewichtiges Moment, daß Brenn- wald, der nur etwas mehr als fünfzig Jahre später seine Chronik nieder- schrieb und über das Stift Embrach eingehende Kunde besaß, die Sage schon völlig in ihrer heutigen Form ausgebildet aufführt; denn wie hätte man die Stiftung des schon Jahrhunderte alten Chorherrenstiftes Embrach auf einen zudem nicht von seinem Genossen, sondern von Räubern vor erst fünfzig Jahren, erschlagenen Einsiedler zurückführen mögen.

Drittes Kapitel: Der Anschluß von Freienstein an Korbas und Teufen.

......

1. Der Anschluß an die Herrschaft Teufen.

In dem zweiten Jahrzehend des 14ten Jahrhunderts war, wie wir gesehen haben, der Hauptstamm der Freiherren von Teufen erloschen.

Damit beginnt gleichsam eine neue Epoche für die Burg und Herrschaft Teufen: jetzt zogen die Herzoge von Oesterreich (auf welche sich die Grafschaft Kyburg *), zu der auch unsere Gegend gehörte, seit dem Ende des 13ten Jahrhunderts vererbt hatte) Teufen als ihr Lehen an sich, um es an befreundete Edelleute zu verleihen. In der bedrängten Lage, unmittelbar vor der Schlacht am Morgarten, da die Herzoge durch unsere Gegenden kamen, und, um sich ergebene Dienstleute zu sammeln, den Edeln ihrer Landschaften beträchtliche Güter verliehen **), mochten sie ihrem Dienstmanne und Kammermeister Ritter Johannes zum Thor Schloß und Herrschaft Teufen verleihen: denn aus diesem Jahre 1315 führt ein Verzeichniß der Urkunden über das Schloß Teufen ***) einen Lehenbrief von Herzog Leopold von Oesterreich auf. Indes steht allerdings dieser Annahme eine Schwierigkeit entgegen †), welche eher die Aufzeichnung eines Winterthurer Chronisten glaubwürdig machen würde, wornach der Uebergang des Schlosses an Johannes zum Thor und sein Geschlecht erst 1324 stattgefunden habe. Allein eine urkundliche Nachricht aus diesem Jahre 1324, wornach Herzog Leopold von Oesterreich dem Johannes zum Thor von Teufen die Fischenzen in der Töß ††) versetzt, beweist, daß diese Familie schon

-----

*) Ich bemerke im Anschluß an früher Erwähntes, daß diese Grafschaft Kyburg im Wesentlichen aus der alten Grafschaft Thurgau sich gebildet hat.

**) Man sehe Kopp, Geschichte der eidgenössischen Bünde, Bd. IV., zweite Abtheilung, S. 100—117.

***) Im handschriftlichen „Stammbaum der Familie Meiß", dessen Benützung die Gefälligkeit des verstorbenen Herrn Oberrichter G. von Meiß mir ermöglichte.

†) Denn jedesfalls noch bis 1318 befanden sich Freiherren von Teufen daselbst, siehe oben bei den Freiherren von Teufen.

††) Es sind natürlich die Fischenzen unter der Burg Teufen bis nach Freienstein gemeint. Herzog Leopold versetzt sie ihm um 6 Mark Silber. Von da an gehörten diese Fischenzen zur Burg.

vor dieser Zeit zu Teufen war, und dann wissen wir aus einer Urkunde von 1318 bestimmt, daß Johannes zum Thor damals mindestens schon Grundbesitz zu Teufen hatte, ja eben solchen gegen entfernteren eintauschte, wohl eben deshalb, weil er zu Teufen saß. Somit möchte die Annahme, daß dieser Uebergang 1315 erfolgt sei, sich als sehr wahrscheinlich erweisen. Mit dieser Herrschaft Teufen besaßen die Edeln zum Thor, wie wir oben schon ausgeführt haben, auch die Gerichtsbarkeit über das Dorf Rorbas.

In der Folge begünstigten die Herzoge von Oesterreich Burg und Herrschaft Teufen als ihr Lehen mehr als einmal; 1332 stattete Herzog Albrecht von Oesterreich sie mit besonderen Rechten aus, indem er ihr einen Freiheitsbrief gab, ebenso Herzog Leopold 1382; die Urkunden sind aber nicht mehr erhalten.

Nicht ununterbrochen jedoch besaßen diese Edeln zum Thor Schloß und Herrschaft Teufen: denn 1440 bestimmte Hans zum Thor vor dem Rathe zu Winterthur seinem Schwestersohne Heinrich Compiner („Gomppiner") alle Lehen, die er von der Herrschaft Oesterreich besaß, darunter also auch Teufen. Dieser Heinrich Compiner verkaufte sodann Teufen 1462 an Ritter Hans von Grießen, und erst dieser 1471 wieder an Heinrich zum Thor.

Um diese Zeit war aber in der Oberlehensherrlichkeit unserer Landschaft eine Aenderung vorgegangen. 1452 nämlich hatte die Stadt Zürich, welche in diesem Jahrhundert der Ausbildung moderner Staatswesen den größten Theil des jetzigen Kantons an sich brachte, die österreichische Grafschaft Kyburg, zu der unsere Gegend gehörte, erkauft, und von da an stand die hohe Gerichtsbarkeit (die „Hohheitsrechte") nicht mehr den Herzogen von Oesterreich, sondern der Stadt Zürich zu. Freilich war dieser Wechsel der Oberherrschaft nicht sogleich spürbar; denn das Lehen Teufen blieb noch mehr als ein Jahrzehnd österreichisch: noch 1460 hat Herzog Siegmund von Oesterreich einen (freilich nicht mehr vorhandenen) Lehenbrief über Schloß und Herrschaft ausgestellt; aber mit den siebenziger Jahren verlieh dieselben der Rath von Zürich, welcher 1471 befahl, daß alle österreichischen Lehen in der Grafschaft Kyburg sich von ihm selbst sollten belehnen lassen.

Ganz abgesehen von der Bedeutsamkeit des Erwerbes dieser großen Grafschaft für Zürich selbst, war dieser Uebergang für unsere Gegend speziell von größter Wichtigkeit: sie kam so an ein Staatswesen, welches, den Bedürfnissen der Zeit gemäß, seine Bestrebungen auf Herstellung größerer Staatseinheit und Staatsordnung richtete und ohne welches die gesammte Entwickelung der Folgezeit nicht zu denken wäre: die Reformation und die politische Umgestaltung in Folge derselben wäre ohne die Zugehörigkeit zu Zürich unserer Gegend vielleicht nicht zu Gute gekommen.

Eben dieser Uebergang hat nun auch auf die politische Vereinigung unserer drei Dörfer sichtlich, wenn auch erst in zweiter Linie, Einfluß gehabt. Die Betrachtung des Eintrittes derselben erfordert einen Rückblick auf Schloß und Herrschaft Freienstein.

Das erstere war seit der Zerstörung durch die Zürcher im Jahre 1334 (oder 1838) wieder aufgebaut worden und kam dann mit der Herrschaft nach dem Aussterben der Freiherren seit Mitte des 14ten Jahrhunderts an verschiedene Edelleute. 1381 besaß sie Egli von Randenburg, 1383 Kunz von Lauffen — wie Teufen als Lehen von Oesterreich. Von den Edeln von Lauffen kam die Burg sammt den Gerichten über das Dorf und den Fischenzen in der Töß an Ritter Hans von Eppenstein, der, wie er später bemerkte, die Herrschaft kaufte, trotzdem daß ihm gesagt wurde, die von Lauffen hätten mit Hans zum Thor von Teufen „Streit und Krieg" bekommen, um drei oder vier Häuser, die jeder Theil zu seiner Herrschaft ziehen wollte. Nun aber wurde dieser Streit größer: er dehnte sich aus auf die gesammte Gerichtsbarkeit über das Dorf bei der Burg Freienstein, welche die von Teufen denen von Eppenstein streitig machten.

Näheres über diese Streitfrage konnte ich nicht finden, was sehr zu bedauern ist; denn es hätten sonst die wichtigen Fragen über das Verhältniß von Freienstein zu Rorbas näher erläutert werden können. Wohl wendete sich nun Hans von Eppenstein 1414 an die Winterthurer, deren „offenes Haus" *) Freienstein zu jener Zeit war; allein der Rath zu Winterthur konnte nicht näheren Aufschluß geben, als, daß der Streit früher schon einmal um einen gewissen Mann sich gedreht habe (wahrscheinlich über das Richten desselben), welchen Streit der österreichische Landvogt Graf Hermann von Sulz in der Weise entschieden habe, daß seither der Gerichts-

---

*) D. h. die Winterthurer sollten jederzeit freien Zugang zur Burg haben und Aufnahme in derselben finden können. Ob, wie es anderswo oft der Fall war, auch Freienstein als „offenes Haus" eine (Winterthurerische) Besatzung hatte, ist doch zu bezweifeln.

herr zu Teufen nichts mehr habe einwenden können. Zwei Jahre
später (1416) erneuerte Hans zum Thor zu Teufen für sich und
seine Helfer und alle Betheiligten den Frieden mit denen von
Eppenstein, den er schon 1411 geschlossen hatte.

Stand nun das Schloß Freienstein, wie man hieraus sieht,
in nahem Verhältniß zu der Stadt Winterthur, so noch mehr,
seitdem 1429 Hans von Saal, der Schultheiß zu Winterthur, das=
selbe gekauft hatte, und nach wenigen Jahrzehenden zeigte sich, wie
nützlich das Interesse der Winterthurer an der Burg und Herrschaft
Freienstein den Umwohnern unter Umständen war.

Zu den Zeiten des alten Zürichkrieges nämlich (1440) besaß
ein österreichischer Edelmann Hermann Künsch Freienstein. Mit
ihm verband sich Wildhans von Breitenlandenberg — derjenige,
welcher 1444 so heldenmüthig die Burg Greifensee vertheidigt hat
— der auch auf Freienstein sich aufhielt, und Beide „mit ihren
Knechten" thaten zur Zeit des „bösen Friedens" der Gegend und
der ganzen Landschaft umher vielen Schaden, und „brachten sie in
Bedrängniß". Sie hatten auch einen „frommen" Mann gefangen
und im Thurme eingekerkert. Dieses Treiben, welches dem „Raub-
ritterthum" im Mittelalter entsprach, konnten natürlich die Winterthurer nicht dulden: die Burg war ja ihr offenes Haus, zu welchem
sie stets freien sicheren Zugang haben sollten. So zogen sie denn
1443 mit Hülfsmannschaft von Diessenhofen und aus der Grafschaft
Kyburg aus, unter Anführung des kyburgischen Landvogtes Ritter
Heinrich von Schwend, und belagerten die Burg. Nach längerer
Belagerung schossen sie mit Feuerpfeilen und warfen Feuerkugeln,
so daß das Schindeldach zu brennen anfieng. Im Schlosse ver=
mochte man nicht mehr zu löschen und übergab am 28. November
dasselbe. Die Mannschaft erhielt freien Abzug; der Mann aber,
den man bei diesem Unternehmen hatte befreien wollen, wurde
vergessen und verbrannte *).

---

*) Die Darstellung dieser Ereignisse habe ich dem sorgfältigen Chro-
nisten Heinrich Brennwald entnommen, welcher dieser Zeit so wie dem Orte
(er war zu Embrach) noch nahe, diese Geschichte nach glaubwürdiger Lokal-
tradition niedergeschrieben zu haben scheint. Bluntschli in seiner Geschichte
der Republik Zürich (I. 423) faßte das Verhältniß zwischen Hermann Künsch
und Hans von Landenberg unrichtig auf, wenn er sagt: „Weil . . . .
Hermann Künsch . . . . wider Recht den Ritter Wildhans von Breitenlandenberg gefangen hielt . . . . u. s. f." Ebenso mißversteht er die Be-

Dieses Ereigniß der Zerstörung des Schlosses, in mehr als einer Hinsicht charakteristisch für jene Zeiten und wichtig für die Sicherung der Umgegend, ist ganz epochemachend für den politischen Zusammenschluß der drei Dörfer. Denn so wurde die Fortexistenz einer besonderen Herrschaft Freienstein — das Schloß selbst wurde ja nicht mehr aufgebaut — erschwert und der Anschluß an Teufen ermöglicht.

Der letztere fiel in die Zeit, da, wie oben gezeigt worden ist, der Uebergang der ganzen Gegend von Oesterreich in die Hände Zürichs erfolgte. Es lag nun nicht im Interesse Zürichs und hätte nicht seinen Bestrebungen entsprechend sein können, daß Freien= stein als eigene kleine Herrschaft für sich bestand und ein neuer Dienstadel sich hier festsetzte; denn abgesehen davon, daß überhaupt keine Gründe dazu drängten, zeigten vielmehr die Vorfälle zu Anfang des Jahrhunderts, jener Herrschaftsstreit zwischen denen zu Freienstein und zu Teufen, wie sehr das Bedürfniß einer sicheren Staatsord= nung die Vereinigung beider Herrschaften erfordere. In welchem Jahre aber dieselbe erfolgte, läßt sich nicht bestimmen, wir wissen nur von der ehemaligen Existenz eines Lehenbriefes über Freienstein vom Rathe zu Zürich aus dem Jahre 1474 (wohl an die Edeln zum Thor zu Teufen), und daß 1483 der Rath den Edeln zum Thor auf ihre Bitten hin den Besitz der Herrschaft Freienstein ausdrücklich bestätigte. Es bestand dieselbe laut der Urkunde aus „dem Thurm" zu Freienstein mit dem Burghügel, dem Ribergholz, dem Holz „im Sack" und anderen Waldungen und Weiden, ferner den Fischenzen in der Töß von Rorbas bis „zur Kohlschwärze", endlich aus den Gerichten über das Dorf.

Damit waren nun alle drei Dörfer Rorbas, Teufen und Freienstein zu einer Herrschaft geeinigt, wie die natürlichen Ver= hältnisse es erforderten. Es fehlte jetzt nur noch der Anschluß von Freienstein an die Kirche Rorbas, um die Einigung ganz zu voll= lenden: auch dieser erfolgte nach wenigen Jahrzehenden.

---

deutung des Vorfalls, wenn er vorher bemerkt: „Von einzelnen Burgen aus wurden auch österreichisch gesinnte Leute verfolgt"; denn ich denke, daß Hermann Künsch, der als österreichischer Edelmann (wie ich auch Brennwald entnehme) 1443 im Auftrage Herzog Friedrichs an dem Zuzuge gegen Zürich zu Gunsten dieser Stadt Theil nahm, weder österreichische noch zürcherische Leute verfolgte. Vielmehr wird man annehmen müssen, daß derselbe ent= weder Feinde der Zürcher verfolgte, oder aber, was mir wahrscheinlicher ist, den „bösen" Frieden überhaupt zu räuberischem Treiben benützt hat.

2. Die kirchliche Vereinigung.

Es mag für die Gemeindsbewohner von Interesse sein, wenn wir an der Hand der alten Aufzeichnungen über unsere Kirche das Wesen und die Bedeutung des kirchlichen Lebens vor der Reformation, in kurzen Zügen uns zunächst veranschaulichen.

Da muß man zuerst beachten, daß die Kirche damals nicht zur Unterweisung und zur Predigt des Evangeliums da war, wie jetzt, sondern gleichsam, um durch die Priester dem Volke das Heilige selbst mitzutheilen. Es geschah dies durch den Segen des Priesters, durch seine Fürbitte bei den Heiligen, durch Lossprechen von der Schuld und die Mittheilung des h. Sakramentes vor dem Sterben.

Wie aber der Priester so die Fähigkeit besaß, das Heilige mitzutheilen, so war er auch selbst heilig, sowie der Ort, den er betrat. Beides war somit auch darauf angelegt, einen tiefen Eindruck auf die Gemüther des Volkes zu machen. Deshalb erschien der Priester in farbigem geschmücktem Gewande, deshalb wurde die Kirche mit Heiligenbildern und verschiedenen Schmuckgegenständen erfüllt. Deshalb auch war das Chor mit dem Hochaltare als ein Heiligthum durch ein Gitter abgeschlossen: nur der Priester durfte hineintreten. Auch bei uns war, wie überall, die Kirche in dieser Weise eingerichtet. Ein sogenanntes ewiges Licht brannte im Chore und außerdem noch Kerzen zu Ehren der Heiligen — es werden in den gleichzeitigen Aufzeichnungen des Jahrzeitbuches solche zu Ehren der heil. Maria erwähnt —; Altartücher, Becher, Löffel, Leuchter werden aufgeführt. Wie sehr die Kirche selbst durchaus als ein Heiligthum betrachtet wurde, zeigt uns ein feierlicher Akt von 1469. In diesem Jahre nämlich wurde — man weiß nicht recht, ob veranlaßt durch ein Verbrechen, welches die Kirche und den Kirchhof befleckte, oder nur, damit man des heiligen Schutzes *)

---

*) Der Ausdruck, den der Leutpriester Peter Tunkel in seiner kurzen Aufzeichnung gebraucht, nämlich: „ecclesia reconciliata est" („die Kirche ist wieder gesühnt worden") weist eher auf ein Verbrechen (vielleicht Todschlag) hin, welches die Kirche befleckte. Es möchte damit stimmen, daß gerade die Weihung des „hinteren Theiles der Kirche" betont wird. Auf eine Weihung bei Anlaß eines Neubaues weist nichts hin. Indeß ist für das Ereigniß auch in Erwägung zu ziehen, daß z. B. 1428 die Kirche Winterthur auch „gesühnt" (reconciliata) wurde, wie ausdrücklich im Jahrzeitbuche jener Kirche bemerkt wird, „ohne Veranlassung, nur des größeren Schutzes wegen".

um so sicherer sei — die Kirche und der Kirchhof durch eine Weihe gesühnt, der hintere Theil der Kirche von Neuem geweiht und die Heiligen der Altäre vermehrt. —

Den Charakter des Gottesdienstes zeigt uns am Deutlichsten die Verehrung der Heiligen und der Reliquien. Unsere Kirche war, wie schon angedeutet worden ist, dem heil. Johannes dem Täufer gewidmet: ihm war der Hochaltar geweiht. Auf diesem Altare wurde das Fest des Schutzheiligen am 6. Juni jedes Jahres feierlichst begangen. Dann befand sich noch mindestens ein („vorderer") Altar in der Kirche, gewidmet dem heiligen Märtyrer Antonius, seit 1469 auch noch den heiligen Sebastian, Georg, Bernhardin, Ursula, Katharina, Maria Magdalena und Barbara geheiligt. In diesen Altar hatte man Reliquien (Gebeine) der heil. Ursula und Katharina niedergelegt. Am Festtage jeder dieser acht Heiligen wurde eine besondere Feier, bestehend in Frühmessen, auf dem Antoniusaltar veranstaltet. Eine besondere Feier fand auch zu Ehren des Chores, als des heiligsten Ortes, am 11. November statt, ebenso natürlich am Kirchweihfeste, welches vor dem Jahre 1469 am 4. Februar, nach 1469 am ersten Sonntage nach St. Verenä (am ersten Sonntage des Septembers) gefeiert wurde. Daneben feierte man noch eine ganze Reihe anderer Heiligentage, theils freiwillig, theils auf Verordnung. Die Aufzählung derselben wäre für unseren Zweck unnütz; nur das möge noch bemerkt sein, daß vom hiesigen Priester noch alljährlich im Januar die Kirchweihe und am 6. Dezember das Schutzheiligenfest (St. Nikolaus) der Kapelle Teufen gefeiert wurde. Es war die letztere ohne Zweifel eine Schloßkapelle, dergleichen wir im Mittelalter sehr viele finden, und insofern für unsere Gemeinden selbst ohne Bedeutung.

Neben diesen Feiern der Feste stellen sich als Theil des Gottesdienstes die Messen, welche zu Ehren von solchen Leuten, welche durch Vergabungen an die Kirche und an den Priester sich verdient gemacht hatten, nach deren Tode veranstaltet wurden. Beispiele hiefür finden sich in einem Auszuge des Jahrzeitbuches unserer Kirche *), dem wir nur einige entnehmen. Johannes Frei von Mettmenteufen gab der Kirche von seiner Wiese „im Thale" ein Vierling Wachs „zum Heile seiner Seele und seiner Vorfahren".

---

*) Das Jahrzeitbuch selbst existirt nicht mehr; aus demselben verfertigte Stiftsverwalter Wolfgang Haller am Großmünster 1555 einen Auszug zur Ordnung der Kircheneinkünfte.

1429 bestimmte Konrad Ganz von Rorbas dem Priester 1 Viertel Waizen und 3 Enten oder Gänse jährlich, damit er stets seinen Jahrestag feiere, ebenso der Kirche 3 Viertel Waizen. 1506 verordnete Hartmann Tünki 2 Viertel Kernen aus seinem Rebstücke im „Räubergraben", damit alle Jahre am Montag nach dem Pfingsttag der Leutpriester seine „Jahrzeit begehe". 1453 verordnete Herr Heinrich Compiner im Schlosse Teufen alljährlich 10 Haller dem Leutpriester zu Rorbas, damit er der Vorfahren im Schlosse Teufen auf der Kanzel gedenke. 1500 verordnete Junker Hans Heinrich zum Thor zu Teufen 2 Pfd. jährlicher Gült dem Priester, damit derselbe seine Jahrzeit und diejenige seiner Familie und Verwandten jährlich sogar mit vier Priestern in der Kirche begehen soll. Andere ließen ihre Vergabungen gewissen Gegenständen des Gottesdienstes zu Gute kommen; so verordnete 1467 Heinrich Landolt (Landert) 1 Viertel Kernen jährlicher Gült an die Kerzen der heil. Maria. 1452 gab Mechthild „Ramin" 1 Pfd. 6 ß. an den Löffel im Schrein beim Sakrament, ebenso schenkte sie ein Altartuch. Peter Tunkel von Winterthur, 1453—1488 Priester dieser Kirche, schenkte derselben vor seinem Tode einen Kelch (Abendmahlsbecher) damit man seine und seiner Vorfahren Jahrzeit alle Montage nach der Kirchweihe begehe *).

Man darf sich nicht stoßen an all diesen Aeußerlichkeiten des religiösen Lebens: unsere Zeit hat freilich ganz andere Begriffe und Formen der Gottesverehrung, aber man kann doch nicht verkennen, daß auch in diesen geschilderten Gebräuchen und Anschauungen die Menschen glücklich lebten, Trost und Ruhe fanden.

Außer dieser Feier aller Jahrzeiten, über welche genaue Verzeichnisse geführt werden mußten, und außer dem gewöhnlichen täglichen „Singen und Lesen", war eine Hauptaufgabe des Priesters die Austheilung des Sakramentes an die Sterbenden; denn Keiner glaubte sich ohne den „Genuß des heil. Leibes und Blutes" zum Sterben genügend vorbereitet. Es war die Ausübung dieser Pflicht gleichsam die Seelsorge des Priesters für die ihm zugehörige Pfarrei, und die Gränzen der letzteren bestimmte auch den Umfang der ersteren.

---

*) Hiebei mag erwähnt sein, daß bei diesem Anlaße die Kirchmeier (Kirchengutsverwalter) im Beisein der ganzen Gemeinde dem Leutpriester und allen seinen Nachkommen die „Hinterhalde am Lechbache" übergaben. Es bezieht sich dies vielleicht auf die Halde beim Wasserfalle hinter dem Pfarrhause, die von da an dem Geistlichen gehören mochte.

Die immer mehr auftretenden Schwierigkeiten der Ausübung dieser Pflicht nun gaben den Anlaß, Freienstein der Pfarrei Rorbas einzuverleiben.

Wir haben nämlich schon angedeutet, daß, wie eine Aufzeichnung aus dem Anfange des 16ten Jahrhunderts es ausdrückt, alle Leute, „die zu Rorbas jenseits der Töß beim Schlosse Freienstein und in den Gerichten desselben wohnten", nicht zur Kirche Rorbas, sondern zur Kirche und Pfarrei Embrach gehörten. Es stifteten sich so die Leute zu Freienstein ihre Jahrzeiten oder Seelenmessen fast immer zu Embrach: die Todten von da wurden zu Embrach begraben und die Hochzeiten fanden auch zu Embrach statt. Schon dies war natürlich unbequem; denn Embrach war ja bei einer halben Stunde weit entfernt, während die Kirche Rorbas ganz in der Nähe war. Es war so auch der Priester von Embrach, welcher den Sterbenden zu Freienstein bei Tag oder Nacht das Sakrament mittheilen mußte. Nun aber traf es sich oft, daß in der Nacht, und besonders wenn die Töß angeschwollen war, der Priester von Embrach nur mit großer Noth oder gar nicht nach Freienstein gelangen konnte.

Diesen Schwierigkeiten — welche, zur Veranschaulichung des Vorganges sei es gesagt, ganz dieselben sind, wie diejenigen, welche die Gründung einer eigenen Pfarrei zu Oberglatt veranlaßten *) — abzuhelfen, wurde nun ein Vertrag mit dem Priester von Rorbas Daniel Baumgartner geschlossen, am 26. April 1513. Die Chorherren des Stiftes Embrach baten ihn, die Sorge für die Leute zu Freienstein zu übernehmen gegen jährliche Entschädigung von 4½ Mütt Kernen und 2 Mütt Hafer. Und es wurde bestimmt, daß bei Hochzeiten und Begräbnissen die „fallenden Opfer" zwar dem Priester zu Rorbas gehören, die betreffenden Leute dagegen dem Priester zu Embrach ein Gewisses an Geld zahlen sollten „für seine Gerechtigkeit".

Auf Grund dieses Vertrages, der nun für die ganze Folgezeit in Kraft blieb, vollzog sich so der Anschluß von Freienstein an die Kirche Rorbas, wie es die Natur der Verhältnisse längst forderte.

Damit hatten sich also in diesen letzten Zeiten des Mittelalters

---

*) Man sehe Pfr. Dieners Geschichte der Gemeinde Oberglatt: Den Theil über die Kirchengeschichte, Abschnitt 1, § 2.

die drei Dörfer Rorbas, Freienstein und Teufen politisch und
kirchlich untrennbar verbunden. Unter dem Einflusse der neu ge=
schaffenen Verhältnisse konnten sie nun als einheitliches unter der
Hoheit des zürcherischen Rathes stehendes Herrschaftsgebiet den An=
trieben der wesentlich mit der Reformation beginnenden Neuzeit
folgen. —

Dritter Abschnitt.

Die Zeit der „Herrschaft Teufen“.
(1513 bis 1798.)

Erstes Kapitel: Die Wirkungen der Reformation.

1. Die Umgestaltung des kirchlichen Lebens.

Jedermann kennt die große Bewegung, durch welche im 16ten Jahrhundert die Kirche sich der mit der Zeit eingeschlichenen Mißbräuche und äußeren Ceremonien entledigte, und, von den bisher allein in ihr gültigen Mächten sich lostrennend (vom Papste und den Concilien) zum reinen Gotteswort zurückkehrte. Dieser mächtige Umschwung konnte aber naturgemäß nicht leicht und schnell vor sich gehen: es gab Viele zu Stadt und Land, welche sich zu sehr in das Alte hinein gelebt hatten, als daß sie von demselben hätten lassen können, Viele hinwiederum, deren ökonomische Existenz durch die Aenderung bedroht war *). Dazu kam noch die fast allgemein herrschende Ausgelassenheit der Sitten, Unwissenheit und Aberglauben **). Alles dies bewirkte, daß eine ziemliche Anzahl Geistlicher und Laien zu Stadt und Land der Neuerung sich widersetzten und die alten Zustände zu erhalten wünschten.

Dies war nun auch in unserer Gemeinde Rorbas der Fall.

---

*) Ich erinnere an die Söldner, welche ihr Handwerk nicht mehr ausüben durften, und an die Mönche und Nonnen, welche aus ihren Klöstern entlassen werden sollten. Auch die Priester mochten es gewiß nicht so gerne sehen, wenn durch das Wegfallen der Todtenmessen ihnen die stets sich mehrenden Einkünfte entzogen wurden.

**) Man vergleiche die Schilderungen bei G. Meier von Knonau: „Der Kanton Zürich“, II. 135, 142 ff., bei Bluntschli, Geschichte der Republik Zürich, II. 198 f.; auch bei Mörikofer „Ulrich Zwingli“.

Es mag dieser Umstand, neben den angeführten allgemein wirksamen Gründen, nicht am wenigsten davon abzuleiten sein, daß der Priester oder Pfarrer der Gemeinde, welcher gemäß dem Mandate des Rathes von 1523 den Beruf gehabt hätte, diesen Uebelständen entgegen= zuwirken (wie dies so viele seiner Kollegen wirklich thaten), und die Neuerung des kirchlichen Lebens zu fördern, hiezu vollkommen unfähig war.

Daniel Baumgartner war seit 1488 Leutpriester zu Rorbas. Er hatte vorher unter Herzog Sigismund von Oesterreich als Reiter gedient — welche Thatsache das Protokoll der Synode zu Zürich als zur Charakteristik des Mannes angiebt — und ließ sich dann zum Priester weihen. Ein alter, dazu unbedeutender Mann, wird er als „ungeschickter Schwätzer" getadelt. Offizielle Berichte schildern ihn als Einen, der „Volk und Haus übel versorgte". Einmal (1521) hatte er einen Erbstreit mit Jakob Tünki von Rorbas. Der Reformation in Zürich war er sehr abhold und bei den Disputationen zu Zürich scheint er, freilich sehr ungeschickt, dagegen gesprochen zu haben, weshalb man gegen ihn den oben bezeichneten Tadel aussprach. Ohne auf die Mahnungen des Rathes von 1520 und 1523, die Geistlichen sollten das Evangelium predigen, die Messen und Ceremonien abthun, zu achten, hielt er bis 1525 die für das Volk so unverständliche Messe und konnte sich zum Predigen nicht entschließen.

Wie hätte so der Boden für die neuen Anschauungen und Zustände geebnet werden können! Mit dem Jahre 1525 wurde es freilich mit diesen Beziehungen anders, und wenn je, so hätte jetzt die Gemeinde Anlaß gehabt, den Neuerungen sich zuzuwenden. Daß dies keineswegs geschah, zeigt uns, wie tief das alte Leben in der Bevölkerung wurzelte und wie sehr diese selbst sich den Weg dazu verschloß.

Im Jahre 1525 nämlich wurde der eifrig reformirte Pfarrer Wilhelm Keller nach Rorbas versetzt. 1516 zu einer Art Doktor der Philosophie befördert, wurde er 1519 Chorherr zu Embrach und kam so in die Nähe des der Reformation von Anfang an so lebhaft zuneigenden Propstes von Embrach, Heinrich Brennwald von Zürich. Als nun 1525 das Stift Embrach aufgehoben wurde, kam Keller nach Rorbas; Baumgartner aber blieb noch bis an sein Lebensende, 1533, hier neben ihm. Mit großer Kraft und eingreifendem Ernste fieng nun Wilhelm Keller zu predigen an, so daß rechte Bewegung in die Gemüther kam. Aber sei es nun, daß die Leute die plötzliche Aenderung noch nicht zu ertragen vermochten, was sehr wahrscheinlich ist, oder daß Keller selbst sich zu sehr von Eifer hinreißen ließ: es brachen Unruhen aus und das Volk wurde aufgeregt. Die Synode zu Zürich jedoch, zufrieden mit dem Geiste von Kellers Wirken, ermunterte ihn, ganz ähnlich wie 1523 der Rath von Zürich Zwingli *), so fortzufahren, und, fügten sie hinzu, wenn Gefahr drohe, solle er den Rath zu Zürich oder den Land= vogt von Kyburg um Hülfe rufen gegen „die ungehorsamen und ungschlachten (rohen) Bauern". Wie diese Sache weiter verlief, ist uns unbekannt; Keller blieb nur bis 1531. Wie man sieht, hat er das Verdienst, die Gemeinde zum erstenmale die neuen Bahnen gewiesen zu haben, wenn auch der Erfolg nicht ein guter zu nennen war.

Auf Wilhelm Keller folgte dann Heinrich Hausheer von Eggen= wyl (Kanton Aargau), ein, wie es heißt, um seines Glaubens willen vertriebener Prediger. Auch er jedoch mußte, wie früher Wilhelm Keller, Daniel Baumgartner noch neben sich dulden; offen sprachen die Pfleger des Chorherrenstiftes zu Zürich als Inhaber des Pfarrsatzes den Wunsch aus, es möchte derselbe bald durch Tod ihnen genommen werden. Da starb er wirklich am 19. Januar 1533, und jetzt konnte Hausheer die Pfrund ganz in Besitz nehmen und wurde nun erst vom Kapitel der Chorherren zu Zürich förmlich gewählt. Er wird, obgleich man in der Gemeinde selbst ihn ver= läumdete, gerühmt als ein Prediger, der mit treuem Eifer seinen Dienst versehen habe, und so wurde er, als er 1566 alt und schwach die Stelle aufgeben mußte, vom Rathe mit einem Leibding versehen, welches nach seinem 1568 erfolgten Tode auch seinen Hinterlassenen gewährt wurde.

Aber hätten sich nur die sittlichen Zustände der Gemeinde gebessert! Man kann sich aber denken, wie wenig eine geistige Um= wandlung zu dieser Zeit schon möglich gewesen wäre, da die ersten Lebensbedingungen der Bewohnerschaft des Dorfes Korbas in Frage gestellt waren. Denn am Fastnachtsonntage des Jahres 1538 verheerte eine Feuersbrunst das ganze Dorf, so daß bei dreißig

---

*) Der Rath beschloß 29. Januar 1523; „Daß Meister Ulrich Zwingli fortfahren und weiter wie bisher das h. Evangelium und die ächte göttliche Schrift . . . . . verkünden solle".

Häusern — eine für jene Zeit immerhin beträchtliche Zahl — ein Raub der Flammen wurden. So war ja der größte Theil der Bewohner um Hab und Gut gekommen und mußte alle Anstrengungen auf den Wiedererwerb einer sicheren Existenz richten. Wie leicht konnten da die ganz Verarmten der Ungebundenheit verfallen, was dann auf Jahrzehnde nachwirken mochte. Dazu muß man sich auch noch das rohe und vielfach ungesittete Wesen *), das in jener Zeit der Umwandlung aller Gebiete des Lebens sich oft zum Aeußersten steigerte, recht vergegenwärtigen.

So stand es denn um die Mitte des Jahrhunderts, wie auch in anderen Gemeinden, in dieser Hinsicht recht bedenklich. 1552 sahen sich Bürgermeister und Rath von Zürich genöthigt, den Gerichtsherren Hans von Ulm zu Teufen darauf aufmerksam zu machen, daß die Leute zu Korbas, Freienstein und Hinterteufen sehr schlecht und beinahe nie mehr in die Kirche zum Gottesdienste gehen, und wenn sie allenfalls noch dahin gehen, in denjenigen Kleidern erscheinen, die sie auf dem Felde bei der Arbeit tragen. Solchen Gewohnheiten, welche dem Geiste der Reformation ganz widersprachen und der Haltung der Bevölkerung schon zu den Zeiten Wilhelm Kellers theilweise entsprechend sind, mußte damals streng entgegengewirkt werden; man klagte auch anderswoher über schlechten Kirchenbesuch überhaupt **), und stets bringen die obrigkeitlichen Verordnungen unter Androhung von Strafe auf regelmäßigen, ordentlichen Kirchenbesuch ***). Allein bei uns scheint das Einschreiten des Gerichtsherren ohne Erfolg gewesen zu sein; denn drei Jahre später hören wir schon wieder Klagen über ähnliche Gewohnheiten der Gemeinde, und sehen dieselbe zudem in bedenklichem Mißverhältnisse zu ihrem Pfarrer. Die Gemeinde klagte nämlich

---

*) Man vergleiche darüber Meyer von Knonau, „der Kanton Zürich" II. 147—149, 153 f. Bluntschli, Geschichte der Republik Zürich III. 125 ff. Dazu die Schilderung in der „Herzenserleichterung der Zürcher Synode gegen ihre Obrigkeit" 1534 bei Sal. Heß: „Sammlungen zur Beleuchtung der Kirchen- und Reformationsgeschichte", Heft 1, S. 144 f. Man muß übrigens gerade diese Berichte und Schilderungen Bullingers und der Synode mit Vorsicht benützen; denn es leuchtet ein, daß sie Alles in viel größeren Farben sahen, als dem ruhigen unbefangenen Betrachter scheinen mochte. Viele dieser Vorwürfe können zu allen Jahrhunderten erhoben werden und dürfen daher nicht dem 16ten Jahrhundert zur Last fallen.

**) Bei Sal. Heß, a. a. O. S. 142 f.

***) Meyer von Knonau, a. a. O. S. 143.

4

über Pfarrer Hausherr, daß er spät auf die Kanzel komme, wenn das Glockengeläute längst verstummt sei, ferner, daß er — wie auch an vielen anderen Orten über die Pfarrer dieser Zeit geklagt wurde *) — öfters das Wirthshaus besuche und beim Abendmahle so unordentlich zudiene, daß Einige es nicht nehmen wollen. Pfarrer Hausheer dagegen bezeugte vor der Synode, daß nicht er selbst schuldig sei, sondern die Gemeinde: die Leute kämen erst eine halbe Stunde nach dem Läuten zur Kirche; in Betreff des Zudienens sodann sei er sich keiner Unordnung bewußt, und ebenso wenig gehe er in's Wirthshaus. Ob nun die Gemeinde, oder, was wahrscheinlicher ist **), der Pfarrer Recht hatte — wie dem auch sei: die Synode gab dem Pfarrer einfach Weisungen zur Handhabung einer besseren Ordnung: er solle sogleich nach der Beendigung des Geläutes das Mandat vom Kirchgange und von der Predigt der Gemeinde vorlesen und sie zum fleißigen aufmerksamen Kirchenbesuch ermahnen; befolge sie die Mahnungen aber nicht, so solle er den Ehgaumern, den Kirchenpflegern, und dem Vogte Anzeige machen. Endlich solle er vierzehn Tage vor der Feier des h. Abendmahles über dasselbe predigen, „Zucht und Ehrsamkeit lehren", strenge Aufsicht halten und die Schuldigen bestrafen.

So sehen wir, in welcher Weise die Kirchenbehörden väterlich über das gesammte sittliche Leben der Gemeinden wachten, und in welcher Weise die Pfarrer hierauf zu wirken berufen waren. Es gehört dies mit zu den schönen Erscheinungen, welche die Reformation in's Leben gerufen hat, unter welchen das herzliche Einverständniß

---

*) Z. B. über die Pfarrer aus Mettmenstetten, Hedingen, Altstätten, Turbenthal, bei Heß a. a. O. Seite 119. 120. 129. f. 134.

**) Wie sollte denn der Pfarrer erst lange Zeit nach dem Verklingen des Geläutes zur Kanzel kommen, da ja das Läuten aufhört, eben wenn der Pfarrer kommt! Eher ist glaubwürdig, daß die Leute selbst zu spät kamen. Dazu kommt, daß die Gemeinde selbst schon 1525 zur Opposition gegen den Pfarrer geneigt war, daß der Rath 1566 dem Pfarrer Hausheer das Zeugniß treuer Dienstleistung giebt, und daß im vorliegenden Falle die Synode den Pfarrer selbst nicht tadelte, was doch in dergleichen Fällen zu geschehen pflegte (bei Heß a. a. O.). Man muß überhaupt in der Benutzung dieser Anklagen, Verhandlungen und Berichte sehr sorgfältig sein; die Gemeinden und die Geistlichen beobachteten sich gegenseitig und suchten Alles zu Ungunsten je des anderen Theiles auszulegen: bezeichnend ist für das Uebertriebene der Beschuldigungen von Seite der Gemeinden die Verhandlung über den ehemaligen Pfarrer Rollenbutz zu Bülach 1534 bei Heß a. a. O. S. 121—123 Anmerkung.

und das gegenseitig sich bestärkende Vertrauen zwischen der Regierung und dem Volke, sowie besonders die verständige und freudig entschlossene Haltung der Mehrzahl des letzteren in den Reformfragen *) Momente bilden, die für alle Zeiten denkwürdig und erhebend sind. Aber wie so gar nichts fast sieht man bei uns von den erfreulichen Wirkungen derselben, wie sie anderswo zu Tage treten!

Indes bemerken wir doch bald auch bei uns einen Umschwung eintreten: die erste sichtbare Frucht der durchbrechenden Reformation.

In den achtziger Jahren des Jahrhunderts nämlich wurde der Kirchenbesuch, im direkten Gegensatze zu dem Zustande von 1552, ein so ernster und eifriger, daß das Kirchengebäude als viel zu klein sich erwies: es gab Sonntage, an denen eine Menge Leute außer dem Gebäude stehen mußte. Das Bedürfniß regte sich, dem Uebelstande abzuhelfen und den erweiterten Anforderungen zu genügen, um so mehr, als auch der Kirchthurm ganz „baufällig und schadhaft“ erschien. So wurden Anfangs des Jahres 1585 Abgeordnete nach Zürich an den Rath geschickt und die Angelegenheit demselben eröffnet. Nachdem nun derselbe sich durch Kenner hatte überzeugen lassen, daß der Bau bringend wünschenswerth sei, wurde nach Verständigung mit dem Chorherrenstifte Großmünster, welches den Zehnten und den Pfarrsatz besaß, am 24. Juli 1585 beschlossen, daß Herr Bauherr Oeri von Zürich und Obmann Keller die Kirche zu Rorbas neu aufbauen sollen, sobald Material da sei. Der Rath bezweifelte, daß die Gemeinde selbst das Werk werde befördern können und daß sie ihr Kirchengut dazu hergeben werde, und beschloß deshalb, in diesem Falle mit dem Stifte Großmünster die Kosten zu tragen und bei Mangel an Holz alles Material aus dem „Haarde“ herzugeben. Allein der Gemeinde lag die Angelegenheit zu sehr am Herzen, und mit Freuden gaben die Kirchgenossen ihr ganzes Kirchengut von 500 Pfund für den Kirchenbau her.

Wie so ganz war die Gleichgültigkeit gegen die Ausübung des Gottesdienstes seit 1552 verschwunden!

Das Werk scheint nun schnell beendet worden zu sein; denn schon am 2. Weinmonate 1586 konnte das erste Kind in der Kirche

---

*) Darüber Einzelnes im 6. Bande von Joh. Müllers Schweizergeschichte (von J. Hottinger) S. 478—480, und in Bluntschlis Geschichte der Republik Zürich II. 333 f.

getauft werden. Man muß sich darüber um so mehr wundern, als mit Sicherheit anzunehmen ist, daß nicht nur das Kirchenschiff allein, sondern auch der Kirchthurm von Grund aus neugebaut wurde *).

Dieses Unternehmen, an welches man noch nach beinahe drei= hundert Jahren (1860) angeknüpft hat, ist uns also innerhalb der Entwicklung der Gemeinde das äußere Merkmal für das Durchdringen der kirchlichen Umgestaltung.

Die Anstrengung für die Verschönerung der Kirchengebäude war nun auch im folgenden Jahrhundert groß: 1659 wurde der jetzige Taufstein verfertigt, 1677 die jetzige, recht hübsch im damals herrschenden „Zopfstile" geschnitzte Kanzel; endlich 1685 — genau hundert Jahre nach der Erbauung — wurde die Kirche nach Westen hin erweitert **).

Wie es aber um das kirchliche Leben der Bewohner in der Folgezeit stand, darüber läßt sich beim gänzlichen Mangel aller Nachrichten, leider nichts sagen: sind uns doch selbst die Pfleger desselben, die Geistlichen, ziemlich fremd! Denn von den achtzehn Nachfolgern des Pfarrers Hausheer kennen wir dreizehn fast nur dem Namen nach ***), zwei, wie es scheint drei, erlaubten sich

---

*) Denn nichts weist darauf, daß der Kirchthurm etwa älter sei, als das Kirchenschiff: Die Verschiedenheit der jetzt vorhandenen Fensteröffnungen beweist nichts, da vor 1831 die Fenster des Schiffes auch spitzbogig waren, wie diejenigen des Thurmes, und sonst passen Schiff und Thurm genau zusammen. Bemerkenswerth ist, daß die Kirche zu Rafz, welche auch 1585 erbaut worden ist, im Inneren, besonders in der Stellung des Chores und in der Art der Fensterverzierungen, ganz der unsrigen gleicht. Man mag daraus ersehen, wie wenig die Theorie von Vögelin (in seinem „alten Zürich" S. 292 Anmerkung 318), daß diejenigen Kirchen, bei welchen Thurm und Chor Eins seien und die Richtung nach Osten haben, zu den ältesten des Landes gehören [nach welcher Theorie Meyer von Knonau (der Kanton Zürich I. S. 77) auch die Kirche zu Norbas zu den ältesten rechnet], praktisch verwendbar ist.

**) Man sieht dies noch an den kleinen Fenstern der Emporkirche, die zu den großen gar nicht passen.

***) Hans Steiner 1566—1577; J. Schlatter 1598—1602; Paul Rieder 1602—1612; Werner Albrecht 1612—1626; Hs. Jakob Keller 1634—1641; Hs. Casp. Brunner 1676—1687; Casp. Huber 1687—1697; Gotthard Heidegger 1697—1705; J. J. Hottinger 1713—1715; Rudolf Brunner 1715—1721; Diethelm Simmler 1721—1734; J. J. Wolf 1734—1734; Dietrich Rahn 1747—1773.

Verstöße gegen die Sittlichkeit *); nur einer dagegen zeichnete sich durch Gelehrsamkeit aus, nämlich Felix Spörri, welcher 1639 Professor der Sprachen und 1641 Professor des Griechischen am Collegium Carolinum zu Zürich wurde. Ein anderer endlich, Hans Kaspar Maurer, hat sich durch Jahrhunderte im Andenken der Gemeindsbewohner erhalten um seiner Frömmigkeit und namentlich um seines traurigen Geschickes willen. Er wurde nämlich am 31. August 1676 sammt seiner Schwester und der Magd von seinem, wegen Uebertrittes zum katholischen Glauben von ihm enterbten, Brudersohne auf entsetzliche Weise **) ermordet.

Zu den Wirkungen der Reformation in den äußeren Kirchengebräuchen zählen sich noch die Einführung des Gesanges, die Errichtung der Kirchenpflege oder des Stillstandes, und die Einführung des Almosensammelns nach beendigtem Gottesdienste. Von der Existenz dieser Einrichtungen in unserer Gemeinde haben wir wenn auch nur vereinzelte Zeugnisse ***).

2. Selbständige Entwicklung des Gemeindelebens.

Die Reformation vollzog sich zunächst vornehmlich auf kirchlichreligiösem Gebiete; aber so sehr hängen alle Beziehungen des Lebens zusammen, daß keine Seite desselben umgewandelt werden kann, ohne daß die anderen auch davon berührt werden: so verbanden sich denn mit der kirchlichen Reform auch politische und sociale Umgestaltungen.

Es ist vor Allem die Erweiterung und Stärkung der Staatsgewalt als solcher gegenüber der Zersplitterung durch die feudalen Einrichtungen, wie sie im Mittelalter herrschten, welche aus der

---

*) Konrad Pellikan 1577—1578 kam wegen Ehebruch fort; H. Schörrli 1579—1598 „aus etwas beweglichen Ursachen"; H. Schweizer 1705—1713 wegen Ehebruch.

**) Er blutete aus 24 Wunden, die Magd hatte 8, seine Schwester 10 Wunden; alle drei abgeschnittene Gurgeln. Man entdeckte das Unglück erst volle drei Tage nachher, am Sonntage, als der Pfarrer zur Kirche gehen sollte. Den Urheber der That fand man erst 1710. Das Bildniß Maurers wurde 1679 von Konrad Meier gestochen und befindet sich im Taufbuche.

***) 1706 wurde bei einem Pfarreinsatze Psalm 122 gesungen. Den Stillstand wählte schon im 16. Jahrhundert der Gerichtsherr, an Zahl 4 Mitglieder. Das Almosensammeln vor der Kirche wurde freilich erst 1693 von Pfarrer Huber bleibend eingeführt.

Entwicklung der Völker während des 15ten Jahrhunderts als wesent-
liches Resultat hervorgegangen war und welche die „Neuzeit"
charakterisirt. Die Reformation trug nun selbst vielfach dazu bei,
die Staatsgewalt zu stärken, was in unserem Kantone um so mehr
der Fall war, als eben von der Staatsgewalt (dem Rathe zu Zürich)
die Reformirung der Landschaft ausgegangen war. Es ist daher
ein charakteristisches Merkmal der Folgezeit, daß nun die Staatsgewalt, der Rath, eine Oberaufsicht über die Gemeinden, besonders
in Beziehung auf den Haushalt, den Erwerb des Bürgerrechtes, die
Verwaltung im Einzelnen u. a., handhabte. Darüber läßt sich nun
im Besonderen Folgendes sagen.

Bis zur Zeit der französischen Revolution galt als Bürger
einer Gemeinde nur derjenige, welcher ein Haus und eigenes Grund-
eigenthum in der Gemeinde besaß. Es rührt dies von der alten
grundherrlichen Hofverfassung her, da Jeder eben nur dann als
Insaße galt, wenn er ein Eigen auf dem Boden besaß, welcher
dem Grundherren des betreffenden Dorfes gehörte. Wer nun in
die Gemeinde einzog, also das Bürgerrecht erwerben wollte, mußte
vor der Reformation kein „Einzugsgeld" bezahlen; mit der Reformation aber änderte sich dieses Verhältniß, und allgemein begann
man, mit Einwilligung des Gerichtsherren (wenn ein solcher da
war), Gebühren festzusetzen; der Rath zu Zürich stellte dann der
Gemeinde einen „Einzugsbrief" aus. Wann nun das Letztere bei
uns zum ersten Male geschah, läßt sich nicht sagen; wir wissen nur,
daß um 1550 die Gemeinde Rorbas ein bestimmtes „Einzugsgeld"
besaß, indem nämlich Pfarrer Hausheer die „Dorfgerechtigkeit" um
10 Pfund kaufte. 1564 erhielt Rorbas neben anderen Gemeinden
einen förmlichen Einzugsbrief vom Rathe, der wahrscheinlich das
Einzugsgeld auf 9 Pfund festsetzte.

Allein dieses beschränkte Verhältniß konnte nicht bleiben. Indem die Güter an äußerem und innerem Werthe stiegen, die „Ein-
züglinge" selbst überhand nahmen, und die Allmendgüter dennoch
sich gleich blieben, drohte eine zunehmende Verringerung des Bürger-
nutzens, indeß das Einzugsgeld selbst gering war. So mußte man
neue Festsetzungen zu erlangen suchen, um so mehr, als eine Reihe
von Gemeindsbürgern ihren Verwandten oder anderen Leuten einen
bestimmten Theil ihres Hauses verkauften und die letzteren nun
meinten, sie seien dadurch ohne Weiteres auch Bürger, weil das
Bürgerrecht an den Häusern und Gütern haftete. Aus diesen

Gründen bat 1582 die Gemeinde Rorbas den Rath zu Zürich um Erhöhung des Einzugsgeldes, was um so mehr gerechtfertigt sei, da der Genuß der Gemeindegüter einen sehr ansehnlichen Betrag ausmache. Dasselbe that auch die Gemeinde Freienstein, die in diesem Jahrhundert sich immer mehr erweiterte, bis dahin aber noch kein Einzugsgeld besessen hatte und doch einen besonders großen Bürgernutzen aufweisen konnte, wie sie wenigstens vorgab.

Der Rath entsprach dem Begehren und ertheilte beiden Gemeinden einen Einzugsbrief. Wie aber Freienstein früher immer nur als Theil von Rorbas angesehen worden war, so wurde es auch jetzt noch immer nach dem Muster von Rorbas gehalten, und so lauten denn die Bestimmungen für diese Gemeinde ganz so, wie diejenigen für Rorbas. Von nun an mußte Jeder aus dem Herrschaftsgebiete von Zürich, welcher die Dorfgerechtigkeit sich erwarb, 20 Pfund, also doppelt so viel als früher, bezahlen, ein Schweizerbürger aus anderen Gebieten 50 Pfund. Aber ohne Erlaubniß des Landvogtes zu Kyburg *) und des Gerichtsherren zu Teufen durfte die Gemeinde keinen Schweizer als Bürger annehmen, und keinen Fremden ohne Erlaubniß des Rathes. Von dem Einzugsgelde soll die Gemeinde zwei Theile behalten, der dritte Theil jedoch gehört dem Gerichtsherren zu Teufen; die Gemeinde soll dieses Geld stets nur zu ihrem Nutzen verwenden, damit sparsam umgehen und Rechnung darüber ausstellen. Betreffend die Nutzung des Bürgerrechtes wurde festgesetzt, daß Einer durch Verkauf von Haus und Heim dieselbe gänzlich verliere. Die Austheilung der Holzhäue geschieht nicht nach Anzahl der Haushaltungen, sondern nach Anzahl der Häuser; nur wo dringende Noth vorhanden ist, kann die Gemeinde je nach Umständen etwas mehr geben. Es soll auch die Gemeinde darüber verfügen, ob Jemand „Hausleute" annehmen dürfe oder nicht.

Wir sehen in diesen Bestimmungen deutlich neben der Kompetenz des Rathes und des Gerichtsherren die Gemeinde als solche mit selbständigen Rechten ausgestattet. Es lag nahe genug, daß dieselbe ihre Rechte zu erweitern sich bestrebte.

So gefielen ihr denn diese Bestimmungen bald nicht mehr. Wie überhaupt zu Ende des 16ten und noch mehr im 17ten Jahr-

---

*) Es sei hier ergänzend nachgetragen, daß nach dem Erwerb der Grafschaft Kyburg die Stadt Zürich dieselbe, wie die anderen von ihr erworbenen Herrschaften, zu einer Landvogtei einrichtete.

hundert die wohlhabenden Bürger zu einer Art Dorfaristokratie sich abzuschließen suchten und sich allein für berechtigt hielten, und wie fast in allen Städten und Gemeinden das Bürgerrecht geschlossen wurde *), so wollten jetzt die Gemeindebürger von Rorbas ihre Zahl nicht mehr wachsen lassen, sondern sich abschließen, damit der Genuß der Allmendgüter nicht in stets zunehmender Weise verkürzt würde. Unter dem Vorwande, sie hätte schon genug Bürger und brauchte keine neuen Einsaßen, weigerte sich 1583 die Gemeinde Rorbas einen gewissen „Baschi" Merk von Rheinau als Bürger aufzunehmen. Erst auf die ausdrücklichen Mahnungen des Rathes hin mußte sie sich dazu verstehen. Es entsprach diesem Verhalten auch der in der Gemeinde bestehende strenge Brauch, daß nach dem Tode eines Gemeindebürgers die hinterlassene Wittwe, selbst wenn sie die Hinterlassenschaft des Mannes übernahm (also Erb und Eigen besaß, welches zum Genusse des Bürgerrechtes berechtigte) ihre Nußungsrechte gänzlich verlor. Die Gemeinde hielt fest an dieser Bestimmung, und als sie 1597 sich in dieser Hinsicht gefährdet glaubte, verlangte sie vom Rathe förmliche „Verbriefung" dieses Rechtes. Was derselbe jedoch in dieser Sache that, wissen wir nicht.

Solche Vorgänge mochten in der Folgezeit eine Erneuerung des „Einzugsbriefes" sehr wünschbar machen. Und so wendete sich im August 1622 die Gemeinde an den Rath mit dem Begehren um Erneuerung desselben. Die Abgeordneten klagten, daß sie gar sehr „von Einzüglingen beschwert" werden; denn ein Jeder wolle sich bei ihrem bedeutenden Bürgernußen — bei Vertheilung der Gemeindegüter hätte jeder Gemeindsgenosse bei 100 fl. jährlich zu erwarten, meinten sie — aufdringen, und so würden die Güterpreise erhöht und die Wohnungen beschädigt. Falls man diesen Uebel= ständen nicht abhelfe, müßten die in der Gemeinde geborenen Bürger „bald das Aeußerste dulden". — Wir sehen, wie ein bestimmter Kreis von Gemeindsbürgern wie eine Aristokratie sich abschließt und den anderen gegenüberstellt. Ihnen stimmte der Gerichtsherr von Teufen bei, und auch die Gemeinde Freienstein verlangte, ganz wie 1582, gleichzeitig mit Rorbas einen neuen Einzugsbrief. Beiden Gemeinden wurde, ähnlich wie 1582, ein gleichlautender Brief ertheilt. Derselbe hält im Wesentlichen die Bestimmungen von 1582 streng aufrecht und verschärft das Verhältniß der alten Bürger

---

*) Im Allgemeinen bei Strickler: Schweizergeschichte II. 190 f.

zu den Neubürgern: „Die Ehrbaren in der Gemeinde sollen auf
die neuen Insaßen fleißig Aufsicht halten, daß redlich und wohl
gespart und aller Lüderlichkeit gesteuert" werde. Wenn Einer Haus
und Heim an Jemanden außer der Gemeinde verkauft, soll er sogar
wegziehen, ausgenommen den Fall, daß er wieder Erb und Eigen
erlange, und das Einzugsgeld zahle. Das Letztere selbst wird nun
für Jemanden aus Zürcher Gebieten auf 30 fl. erhöht, für einen
anderweitigen Schweizer auf 60 fl. Wenn aber Sohn oder Bruder
eines Solchen später eine eigene Haushaltung beginnen, müssen sie
den Einzug wieder zahlen. Hinzugefügt wird, daß, wenn Einer
aus der Gemeinde Freienstein oder Teufen zu Rorbas einziehe, er
nur 20 fl. zahlen müsse. —

Wie man aus allem Bisherigen sieht, drehten sich die Haupt-
interessen der Gemeindebürger natürlicher Weise stets um die Nutzung
der Gemeinde- oder Allmendgüter, welche sowohl aus Waldungen,
als auch aus Wiesen bestanden. Von den ersteren wurde jährlich
jedem Bürger ein „Hau" zugetheilt, auf die letzteren wurde die
Gemeindsheerde zur Weide getrieben.

Die Regelung dieser Allmend- und Weidgangsverhältnisse
stellten sich nun allmählich neben jene Einzelbestimmungen der
Dorfoffnung über Zäune, Zelgen, Wege, Stege, Wasserleitungen
und Gräben, und aus der Wechselwirkung dieser Verhältnisse ergaben
sich jene merkwürdigen Streitigkeiten und Neckereien zwischen Gemeinden unter sich, dann zwischen der Gemeinde und einzelnen
Dorfbewohnern, wie auch zwischen gewissen Theilen von Gemeindebürgern selbst.

In Betreff des ersten Punktes, der Streitigkeiten zwischen
unseren und benachbarten Gemeinden um Allmend und Weidgang,
ist Folgendes zu sagen.

Im Jahre 1516 bekam Freienstein Streit mit der Gemeinde
Tättikon. Die Gemeinde Freienstein behauptete, ihr Weidrecht,
sowie die Gerichtsbarkeit des Junkers zu Teufen, gehe „vom Grauenstein bis in den Vorbühel der langen Forren". Aber die Bürger
von Tättikon bestritten dies, und meinten, Gerichte und Weidrecht
von Freienstein hätten nie weiter gereicht, als „bis zum unteren
Stein". Der Rath zu Zürich entschied nun zwischen den beiden
Ansichten, nämlich, es sollten Weidrecht und Gerichte von Freienstein
zwischen den beiden „großen" Steinen hinauf reichen bis in den
Vorbühel, und jenseits desselben abwärts „das Wiesli ab bis zur

Tanne, die im Haag im Wiesli steht". Aber bald nachher begann der Streit von Neuem um einen anderen Punkt: jeder Theil behauptete, daß die Felder und Aecker oberhalb der Kalchhofwiesen und die Marken daselbst zu seinem Gemeindsbanne gehören. Auch diesmal schlug der Rath einen Mittelweg ein: das streitige Land soll getheilt und Marken gesetzt werden, und dann scheide die Marke den Bann.

Interessanter ist das Verhältniß zwischen Hinter- und Oberteufen. Die gegenseitigen Beziehungen beider Gemeinden haben ihrem Ursprunge nach einige Aehnlichkeit mit denjenigen zwischen Freienstein und Rorbas. Ursprünglich nämlich bildete Teufen — wie die ganz glaubwürdige Ueberlieferung des 16ten und 18ten Jahrhunderts meldet — wie einst Freienstein und Rorbas, ein einziges Dörfchen bestehend aus drei Höfen mit drei Haushaltungen. Als dann die Einwohner sich mehrten, kamen zwei Höfe zusammen und bildeten das jetzige Dorf Hinterteufen; aus dem dritten erwuchs die Gemeinde Oberteufen. Nun erfolgte aber diese Trennung der beiden Gemeinden thatsächlich so langsam und unvermerkt, daß eine förmliche Theilung der Gemeindegüter und deren Nutzungen gar nicht vorgenommen wurde, daß somit formell beide Gemeinden noch zusammen eine einzige bildeten. So fuhren denn z. B. immerfort wie von Alters her die Bürger von Hinterteufen auf den „Stein-acker" als der gemeinsamen Allmend zur Weide. Ohne Reibungen konnte das aber natürlich nicht so fortgehen, und wirklich begannen die von Oberteufen sie im Weidfahren auf den Steinacker zu hindern. Deßhalb klagten die von Hinterteufen 1583 beim Gerichte zu Rorbas, welches an Statt des Gerichtsherren Hans von Ulm dessen Untervogt Felix Tünki leitete. Vergeblich war die Ausrede derer von Oberteufen, es sei ihnen eben sehr beschwerlich gewesen, daß zu Hinterteufen aus den zwei Haushaltungen und wenigen Leuten allmählig eine ganze Gemeinde erwachsen sei, die mit ihnen ihre Güter noch immer gemeinsam halten wollten; das Gericht entschied zu Gunsten derer von Hinterteufen und ebenso der Rath zu Zürich, an welchen Oberteufen appellirte: Beide Gemeinden sollten Allmenden und Bürgernutzen gemeinsam haben und bei ihren einfachen ursprünglichen Verhältnissen bleiben. Der scharfe Gegen-satz zwischen den letzteren und den thatsächlich gewordenen Zuständen konnte gewiß nicht für immer so bestehen; dennoch muß man sich wundern, daß er erst nach mehr als anderthalb Jahrhunderten zu einer durchgreifenden Entscheidung führte, nämlich 1742. In diesem Jahre treffen wir beide Gemeinden im heftigsten Streite wegen des Bürgerrechtes; denn die Bürger von Oberteufen behaupteten, daß sie auch Bürger von Hinterteufen seien, weil sie, gemäß der Entscheidung von 1583, stets dieselben Allmenden benutzten; sie stützten sich nun, gerade umgekehrt wie 1583 *), darauf, daß Teufen ursprünglich aus drei zusammengehörigen Höfen bestanden habe, daß dann zwei zusammen Hinterteufen, der dritte Oberteufen gebildet habe, weshalb auch allemal bei Aufnahme von Gemeindebürgern in der einen oder anderen Gemeinde das Einzugsgeld so vertheilt worden sei, daß Oberteufen ein Drittel, Hinterteufen zwei Drittel erhielt. Das Gericht, welches im Namen des Junker Freihauptmann Johann Meiß zu Teufen dessen Stabhalter Jakob Meier von Freienstein hielt, entschied nun zu Gunsten der Gemeinde Oberteufen, daß beide Gemeinden in bisheriger Weise nur eine Bürgergemeinde bilden sollten. Auf Verlangen der Gemeinde Hinterteufen jedoch leitete der Junker Gerichtsherr eine Appellation an den Rath zu Zürich ein. Dieser letztere untersuchte die Sache, und entschied, wahrscheinlich um der Wiederkehr ähnlicher Streitigkeiten vorzubeugen und den thatsächlichen Verhältnissen zu entsprechen, zu Gunsten von Hinterteufen, daß beide Gemeinden getrennt werden sollen. In Folge dieses Spruches wurden wirklich das Gemeindegut, die Allmenden, Waldungen wie Wiesen, vertheilt, und von da an bildete Oberteufen und Hinterteufen jedes eine Bürgergemeinde für sich. —

Aehnlich wie Freienstein 1516 mit Tättlikon, hatte Rorbas 1608 mit der Gemeinde Nußbaumen Streit wegen Bann und Weiderecht. Wie die Urkunde sagt, führte nämlich von Alters her eine Landstraße vom Rheinsberg über den Alpenhof und Tättenberg hin, welche Straße zum größten Theil den Bann der beiden Gemeinden schied. Nun klagten sich die beiden Gemeinden gegenseitig an, sie hätten, da diese alte Straße zerfallen sei, mit dem Vieh beim Weiden die Banngränze überschritten. Eine Anwaltschaft aus angesehenen Personen der Umgegend **) wurde unter Junker Heinrich

*) Denn damals wollten sie, wie wir gesehen haben, von Zusammengehörigkeit nichts wissen.
**) Georg Wälti, Untervogt zu Embrach, Heinrich Tünki, Untervogt zu Rorbas, Hans Tünki, Wirth zu Rorbas, Heinrich Kern von Nußbaumen, Konrad Sewer, Schulmeister zu Bülach, Junghans Roth, Stadtfähndrich, und Lorenz Sewer, Untervogt zu Bülach.

Meiß, dem Gerichtsherren, gebildet, welche nun bestimmte Gränzen *) festsetzte und jede Gemeinde sonst auf ihre Offnung verwies, bis die Regierung jene Landstraße herstellen lasse **).

Wie auf diese Weise Streitigkeiten zwischen Gemeinden entstanden, so war dies öfters der Fall zwischen Gemeinden und einzelnen Dorfbewohnern.

Rorbas bekam 1561 Streit mit den Gebrüdern Schneider im Wiler wegen eines Weingartens, von welchem die Gemeinde behauptete, er sei freie Allmend und müsse der Gemeinde gehören. Es erwies sich dann, daß die Schneider den Weingarten allerdings besaßen, aber als Handlehen von der Gemeinde, womit diese machen konnte, was sie wollte, und so entschied der Rath zu Gunsten der Gemeinde ***).

Aehnlich stritt 1550 die Gemeinde Freienstein mit Jos Schurter um einen Weingarten, auf den sie Ansprüche zu haben glaubte. Auf Befehl des Rathes gab die Gemeinde dem Schurter 12 Pfund Haller, worauf der Weingarten sein Eigen blieb. Wichtig war aber gleichzeitig eine andere Streitigkeit zwischen den Genannten. Wie schon 1526 ein Vorfahr dieses Jos Schurter, Ulrich Schurter, geklagt hatte, daß die Gemeinde ihm durch Dünger- und Holzfuhren in seinem Hof großen Schaden anrichte, so beschwerte sich jetzt die Gemeinde darüber, daß Jos Schurter zu ihrem Schaden mit den Zäunen und dem Weidgange „Neuerungen vorgenommen" habe. Der Rath sendete Abgeordnete zur Besichtigung, und diese hießen wirklich Schurter einen neuen Haag beseitigen, den Weidgang öffnen, und bestimmten zur Sicherheit der Gemeinde „in der Mettlen" Marksteine. 1574 bekam die Gemeinde Streit mit dem Besitzer des „Grüthofes" Hans Schurter. Laut den althergebrachten Bestimmungen der im Jahre 1605 nach dem Muster derjenigen von Rorbas abgefaßten, sonst unbedeutenden, Dorfoffnung von Freien-

---

*) Es soll „oben von der großen Kreuzmarche an die Straße am Holz niedergehen bis an die Ecke, und von da durch das Feld bis an den „Hauacher". Und die Güter, die beim Alpenhof beginnen, sollen Weidrecht derer von Nußbaumen sein.

**) Endlich mußten diejenigen von Nußbaumen der Gemeinde Rorbas neun Gulden Buße bezahlen.

***) Das Gericht zu Rorbas entschied zuerst zu Gunsten der Gebrüder Schneider; die Gemeinde jedoch appellirte mit Erfolg an den Rath zu Zürich.

stein *) nämlich sollte der Grüthof, ähnlich wie der Hollberg, ein „einbeschlossener" Hof und mit Zäunung verwahrt sein. Nun ließ Schurter nicht zu, daß die Gemeinde durch den Grüthof in's „Kalch= hölzli" fahre wegen Schädigung in Holz und Feld. Die Sache wurde so entschieden, daß allerdings die Gemeindsbewohner durch= fahren dürften, jedoch mit größter Sorgfalt, so daß nie mehr als ein Wagen durchfahre und man beim Weidfahren das Vieh mit der Hand führe und ja nicht jage. Dann wurde eben jene Be= stimmung über den Grüthof, daß er eingeschlossen sein solle und dazu, daß die Bewohner „die Zäunung auf dem Hofe selbst hauen" sollten, eingeschärft. Im folgenden Jahre 1575 stritt die Gemeinde mit einigen Bewohnern, welche an dem Zelgwege auf Allmendboden Reben eingeschlagen hatten, so daß man nicht mehr durchfahren konnte. —

Weit bemerkenswerther aber, und für jene Zeit mehr bezeich= nend, als alle die bisherigen Verhältnisse, sind die Streitigkeiten gewisser Theile der Dorfbewohner unter einander.

Ueberall nämlich schieden sich im 16ten Jahrhundert, gemäß dem damals in allen Genossenschaften herrschenden Bestreben nach Abschluß, nach Verengerung ihres Kreises **), die Dorfbewohner in zwei scharf getrennte Stände: die reichen Bauern oder Hofbauern,

---

*) Vor 1605 hatte Freienstein, wie die Einleitung zu der Offnung besagt, keine Dorfoffnung, obgleich allerdings, wie wir im folgenden Kapitel sehen werden, die Gemeinde behauptete, sie habe eine solche gehabt, aber der Gerichtsherr Junker Hans von Ulm zu Teufen habe dieselbe ihnen genommen (wofür allerdings keine Thatsachen vorlagen). Ebenso bemerkt die Einleitung der Offnung, sie sei nach dem Muster derjenigen von Rorbas abgefaßt, und wirklich sind die allgemeinen Bestimmungen über die „Bräuche und Rechtsame" ganz dieselben, wie in derjenigen von Rorbas; nur die Be= stimmungen über Ausdehnung des Dorfbannes, über Weg und Steg, sind natürlich den lokalen Verhältnissen zu Freienstein entsprechend. Schon um des ersteren Umstandes willen, als auch, weil diese lokalen Bestimmungen um diese Zeit ihren inneren Werth schon verloren haben, ist diese Offnung sehr unbedeutend: sie giebt uns nicht über wichtige Gemeindeverhältnisse dieser Zeit Aufschluß.

**) Man darf hier wohl — obgleich die Verhältnisse in den Ge= meinden natürlich viel beschränkter sind — an die Abschließung der Patriciate in den Städten der Schweiz und an die daraus entstandenen Reibungen erinnern. Die allgemeinen Momente der überall hervortretenden ständischen Sonderungen findet man auf's einfachste zusammengestellt bei Strickler, Schweizergeschichte II. 69 f., 192 ff.

auch Meier genannt, und die Halbbauern, die nur kleine Gütchen hatten und bloß mit Handarbeit sich beschäftigten, daher „Tauner" oder „Tagnäuer" (Tagwner von „Tagwen" = Tagwerk) genannt wurden. Die Letzteren besaßen nur Kleinvieh (Ziegen) und wurden stets hintangesetzt und von den Hofbauern übervortheilt. So ent= standen oft harte gegenseitige Reibungen, und das ganze Jahrhundert zeigt solche in allen Gemeinden.

In unseren Gemeinden entstand der Streit zuerst zu Teufen, nämlich 1556. Die Hofbauern daselbst behaupteten, daß Alles, was an Gütern vorhanden sei, zu den Höfen, das heißt ihnen selbst gehöre, weil die Tagnäuer ihren eigenen Hof sammt aller Ge= rechtigkeit verkauft hätten. Dagegen sagten die Tagnäuer, daß von ihren Vorfahren her Allmenden da gewesen seien; sie selbst hätten auch Kösten getragen und man solle sie da bleiben lassen, wo sie geboren und erzogen worden seien. Sowohl das Gericht, als auch der Rath zu Zürich entschied natürlicher Weise zu Gunsten der angegriffenen Tagnäuer, und die Hofbauern mußten endlich, trotz alles Widerstandes, unzufrieden genug nachgeben.

Sechs Jahre später, 1566, entbrannte der Streit zu Freien= stein, jedoch in etwas anderer Form als zu Teufen. Die Bauern klagten, daß die Tagnäuer ohne ihre Erlaubniß mehr als zwei Ziegen auf die Weide schickten, und ihnen so großen Schaden an= richteten. Wie die Tagnäuer zu Teufen, so bemerkten nun auch diejenigen zu Freienstein, daß sie mit den Bauern gleichermaßen gemeinsame Kosten tragen müßten, und daß sie dafür hielten, daß die Allmenden armen und reichen Leuten gleichmäßig offen sein sollten, so daß die Bauern kein Recht hätten, durch Zäune und „Einschläge" sie zu verdrängen. Der Rath entschied, daß die Tauner, gemäß dem Gemeindebeschlusse, nicht mehr als zwei Ziegen auf die Weide treiben dürften, daß die Zäune und Hecken bleiben sollten, trotz der Tagnäuer, nur solle auch die Allmend bleiben, wie sie sei, und Keiner dürfe in der Gemeindswaldung Holz hauen ohne Beisein der Geschwornen der Gemeinde. So wurde hier, anders als zu Teufen, zu Ungunsten der Tauner entschieden, wohl eben deshalb, weil sie den Gemeindebeschluß verletzt hatten.

Achtundzwanzig Jahre später, 1584, entstand zu Rorbas Streit zwischen Bauern und Taunern. Wie zu Freienstein, klagten die Hofbauern hier, daß die Ziegen der Tauner ihnen vielen Schaden anrichteten. Im Uebrigen wollten sie, sagten die Bauern hier zu

Korbas mitleidsvoll, die Tauner ganz als liebe Gemeindsgenossen betrachten und ihnen ihr Eigen nicht mißgönnen; allein es wären eben Viele, die keine Haushaltungen hätten und dennoch sich Ziegen hielten, dazu Einige, welche ihre Hecken, Zäune und Güter beschä= digten, da sie doch so wenig Holz für die Zäunung hätten. Die Tauner ihrerseits klagten, sie seien eben arme „Gesellen", die Nichts hätten, als was sie durch tägliche Handarbeit verdienten. Dazu hätten sie viele Kinder und müßten sich Ziegen halten, weil sie Kühe nicht zu halten vermöchten. Der Rath zu Zürich, vor den sie ihre Angelegenheit brachten, enthielt sich eigenthümlicher Weise einer Entscheidung, und wies sie an den Landvogt zu Kyburg und Junker Gerichtsherr Hans von Ulm zu Teufen. Beide nun be= schieden die ganze Gemeinde vor sich und entschieden, ähnlich wie diejenigen zu Freienstein, daß nur diejenigen Tauner, welche Kinder haben, eine Ziege, aber mehr nicht, besitzen dürften. Auch sollte man, wie das gewöhnliche Sprüchwort sage: „Eine Gaiß soll einen Hirten oder Stall haben", die Ziegen hüten, damit sie keinen Schaden anrichten. Geschehe das Letztere dennoch, so solle man den Eigenthümer der betreffenden Ziege „thürmen" (einkerkern). Zum Schlusse versprachen alle dem Landvogte in die Hand, daß sie sich freundlich vertragen wollen.

So waren diese socialen Unruhen, bei denen, vielleicht zum erstenmal in der Gemeinde, unter dem Einfluß der mit der Refor= mation neu aufgekommenen Anschauungen, der Gegensatz zwischen armen und reichen Leuten und der Wunsch auf entsprechende Aus= gleichung grundsätzlich hervortrat, beseitigt und die Eintracht herge= stellt. Dadurch wurde natürlich das Gemeindeleben neu befestigt. Alle fühlten sich doch gleichermaßen als berechtigte Bürger den neuen „Einzüglingen" gegenüber, die, wie wir oben gesehen haben, gerade um diese Zeit so zunahmen und bewirkten, daß eben die „Altbür= ger" — man erlaube mir diesen Ausdruck, der ein Verhältniß bezeichnet, welches allgemein um diese Zeit zu Stadt und Land zu Tage trat *) — sich selbstsüchtig abschlossen, entweder gar keine Bürger mehr annehmen oder das Einzugsgeld erhöhen wollten.

Die Gemeindegüter waren es, welche alle mit dem Gefühle

*) Man sehe darüber die mehrfach erwähnte Abhandlung von Fr. v. Wyß über die schweizerischen Gemeinden, Zeitschrift für schweizerisches Recht, Bd. 1.

durchdrangen, daß sie eine selbständige Einheit bildeten. Es entstand
nun nach und nach ein Gemeindegut an baarem Gelde durch den
Zins, welchen die Gemeinde vom Ausleihen gewisser Allmendgüter
einnahm. Zu Rorbas wurden 1577 und 1608 große Stücke der
„Hölzrütinen" zum Einschlagen von Reben um beständigen Zins
ausgeliehen, ebenso zu Freienstein 1598 die „Raamenäcker". Auch
Gemeindewiesen *) wurden gegen Zinse für bestimmte Termine
ausgeliehen. Sodann meldet eine Nachricht von 1598, daß von
Alters her jährlich eine „Weinsteuer" zur Vermehrung des Ge-
meindegutes zu Rorbas üblich war. Es war dieselbe von solchem
Belange, daß, als sie verweigert wurde, eine „merkliche Vermin-
derung" des Gutes eintrat, worauf der Rath dieselbe wieder ein-
zuführen befahl. Eine hübsche Einnahmsquelle für die Gemeinde
bildete auch der Verkauf von Steinen aus dem Steinbruche oberhalb des Wirthshauses. Ganze Fuder wurden im Laufe des 17ten
Jahrhunderts verkauft, und der Handel war so lockend, daß die
Gemeinde Freienstein 1718 der Gemeinde Rorbas den Steinbruch
streitig machte, doch ohne Erfolg.

So mehrte sich von Jahr zu Jahr das Gemeindegut, so daß
bald eine geordnete Verwaltung nöthig wurde. Seit dem Jahre
1615 findet man Aufzeichnungen über die Ausgaben und Einnahmen,
und 1639 wählte die Gemeinde ihren „Seckelmeister", indem sie
das rücksichtslose „Essen und Trinken auf Kosten der Gemeinde",
„abzustellen" beschloß. Dieser Seckelmeister mußte Jahr für Jahr,
unter Aufsicht des Gerichtsherren zu Teufen und der Kanzlei zu
Winterthur, der Gemeinde Rechnung ablegen.

In diesen Verhältnissen zeigt sich schon ein selbständiges Auftreten der Gemeinde. Dasselbe steigerte sich in der Folgezeit auch in
den Bestimmungen über Weidgang und über Einzugsverhältnisse.
So ordnete 1766 die Gemeinde auf's genaueste ganz selbständig
den Weidgang, und bestrafte 1751 den Wirth zu Rorbas, weil er
zu viel Schaafe auf die Weide getrieben hatte. Betreffend den
Einzug beschloß sie 1738, daß die Falliten das Bürgerrecht neu
bezahlen müssen, und 1696, daß jede Frauensperson, die in die
Gemeinde sich einheirathe, wenigstens 100 fl. und ein gutes Bett
müsse vorweisen können, eine Maßregel, welche ganz dem Charakter
dieser Zeit entspricht.

---

*) Im „Rörli", „Tiefert", „Allmend" u. s. f.

Das bestimmteste Zeichen für die sich entwickelnde Selbstän=
digkeit der Gemeinden ist aber das Aufkommen besonderer, förm=
licher Dorfbeamten seit der Reformation. So wissen wir, daß
schon um 1540 die Dorfmeier hier an der Spitze der Bauerschaft
standen. Zu Rorbas waren bis 1625 vier Dorfmeier, von da an
nur drei. Eine Art Gemeinräthe bildeten sich unter dem Namen
„Geschworene": zu Freienstein und Rorbas finden wir um 1550
je vier Geschworene als Gemeindsbehörde.

Allein eine ganz selbständige freie Entwickelung des Gemeinde=
wesens war unmöglich, so lange die Herrschaft Teufen dasselbe
einschränkte. Rechte, welche anderswo „Dorfgerechtigkeiten" bildeten,
und bei der Gemeinde standen, wie Metzgrecht, Tavernenrecht und
ähnliche, standen dem Gerichtsherren zu. Dieser war es, der die
meisten Verfügungen und Wahlen der Gemeinde erst bestätigen
mußte, ehe sie in Kraft traten; oft erhoben sich Streitigkeiten
zwischen dem Gerichtsherrn und den Gemeinden.

Diese Herrschaft Teufen bildet die Haupterscheinung innerhalb
der Entwickelung unserer Gemeinden in den hier zu betrachtenden
drei Jahrhunderten.

Zweites Kapitel: Ausbildung der Herrschaft Teufen.

Gegen Ende des 15ten Jahrhunderts und zu Anfang des
16ten hatten sich durch den Anschluß von Freienstein alle drei
Gemeinden, Rorbas, Teufen und Freienstein, zu einer Kirchgemeinde
und einer Herrschaft geeinigt. Während die Kirchgemeinde nach
Rorbas benannt wurde, gieng die Herrschaft von Teufen aus, von
dem alten Sitze der Freiherren, und später der Edeln zum Thor.

Wenn gleich nun diese Herrschaft im 14ten und 15ten Jahr=
hundert, da sie längere Zeit hindurch nur Teufen und Rorbas
umfaßte, unter dem Einflusse der mittelalterlichen Anschauungen
gleichsam ihre äußere Glanzheit feiern mochte, so ist doch ihre
vollendete innere Ausbildung erst eingetreten nach der Vereinigung
der drei Gemeinden im 16ten, besonders aber im 17ten und 18ten
Jahrhundert. Denn wenn auch leider gerade aus den beiden
letzten Jahrhunderten die Urkunden und Nachrichten nur noch in
sehr spärlicher Anzahl vorhanden sind, so zeigen doch die wenigen

5

Thatsachen deutlich, wie während dieser Zeit die Herrschaft Teufen zu einer Art „System" scharf sich ausprägte, und niemals in's Leben der Gemeinden so einschneidend gewirkt hat, wie damals. Es ist dies keineswegs etwa eine vereinzelte Erscheinung: man findet auch anderswo ähnliche Bestrebungen *), die sich im Grunde als gleichartig neben die scharfe Ausprägung des Regimentes der Stadt Zürich (und anderer Städte) zu einer Art Aristokratie **) im 17ten Jahrhundert stellen lassen.

Wie wir nun schon gesehen haben, gehörte die Herrschaft Teufen noch immer den Edeln zum Thor. Als aber 1519 Barbara zum Thor sich mit Hans Jakob von Ulm vermählte, brachte sie ihm die ganze Herrschaft als Heirathsgut zu. Ebenfalls durch Heirath kam um 1544 und 1548 mit Hans Hirzel die Familie Hirzel von Zürich in den Besitz der Gerichtsbarkeit. Jedoch schon 1556 erscheint wieder ein Hans von Ulm als Gerichtsherr und blieb es bis gegen 1590.

Um diese Zeit aber kam durch Heirath die altadeliche Familie „von Meiß" zu Zürich für immer in den Besitz der Herrschaft, mit welcher sie so sehr gleichsam zusammenwuchs, daß sie zum Theil bis heute sich „von Teufen" nennt. Außer der Gerichtsbarkeit über die Gemeinden bezeichnet Junker Hans Meiß, Statthalter zu Bubikon, der erste Gerichtsherr aus dieser Familie, sein Erbe folgendermaßen: „Die Burg Teufen mit Dörfern, Leuten, Gütern und anderer Zubehörde, sammt der Haumühle ***) und der Mühle zu Illingen mit Wasser, Wassergraben, Steg, Weg und aller Zubehörde, ferner der Thurm zu Freienstein und das Holz genannt Riberg, das Holz „im Sad", auch andere Hölzer, Wasser, Felder, Wunn und Weide, die Fischenzen in der Töß von Rorbas bis gegen „Kohlschwärze". Je das Haupt dieser Familie Meiß zu Teufen besaß die Herrschaft, und sie wurden alle in der Kirche zu Rorbas begraben, wo bis in neuere Zeiten ihre Grabsteine die

---

*) Bluntschli, Staats- und Rechtsgeschichte, 2. Auflage, Bd. II. S. 33, weist darauf hin. Es würde gewiß von Interesse sein, wenn man einmal die Vorgänge in allen ähnlichen Gerichtsherrschaften (solche waren noch: Elgg, Turbenthal, Wyla, Kempten, Berg, Wetzikon und Rürensdorf) zusammenstellen und vergleichen würde.

**) Bluntschli a. a. O. II. S. 4, 5, 24. Dazu vergleiche man im Allgemeinen: Strickler, Schweizergeschichte II. 194 ff.

***) Die Haumühle gehörte seit einem Kaufe von 1380 als Lehen zur Burg Teufen. Aehnlich mochte es mit der Illingermühle sich verhalten. Z

prunkenden Titel und ritterlichen Abzeichen aufwiesen, welche man damals ihnen beigelegt hat. Damals glänzte das sogenannte „Junkerthum" *), welches seit der Staatsumwälzung von 1798 dem Volke gründlich verhaßt ist.

Die Rechte und Einkünfte der Gerichtsherren waren nun nach späteren und zum Theil auch gleichzeitigen Aufzeichnungen folgende.

Der „Herr" richtete im Allgemeinen über alle Vergehen („Frevel"), ausgenommen diejenigen, welche Todesstrafe nach sich zogen. Alle Polizeivergehen, z. B. Degenziehen, Schlaghändel, Diebstähle, „wenn sie nicht kriminal waren", ebenso alle Frevel in Holz und Feld, an Fischenzen und Jagdrechten, wurden vom Herrn, seinem Vogte und Weibel untersucht und bestraft, wobei dem Herrn die Bußen und Siegelgelder gehörten, dem Vogte 1 fl. 40 ß., und dem Weibel 32 ß. Waren diese Vergehen kriminal, so hatte der Gerichtsherr das Recht des Vorverhöres (Präcognitionsrecht).

Alle Jahre im Herbst und im Mai versammelte sich sein Gericht bestehend aus zwölf Richtern, einem vom Herrn bestimmten Vogte (auch Stabhalter genannt, weil er zum Zeichen der Gewalt, die er an Statt seines Herrn vertrat, einen Gerichtsstab trug), endlich einem Gerichtswaibel. Hier wurden alle Zivilstreitigkeiten, deren Bußen nicht mehr als 60 fl. betrugen, vom Herrn oder seinem Stellvertreter, dem Vogte, gerichtet. Alle Bußen, Gerichts- kösten und „Sitzgelder" gehörten dann dem Herrn. Die Richter und Beamten wurden möglichst gering entschädigt. Das Gericht wurde gewöhnlich im Wirthshause zu Norbas, in außerordentlichen Fällen im Schlosse Teufen gehalten.

Auch bei Angelegenheiten außerhalb der Kompetenz seines Gerichtes bezog „der Herr" bestimmte Einkünfte, so bei Ganten und „Beschreibungen", welche er und sein Vogt besorgten. Alle Käufe, Verträge, Vermächtnisse jeder Art mußten von ihm bestätigt werden, ehe sie kanzleiisch gefertigt werden konnten, wofür er auch seine Gebühren bezog. Dasselbe geschah bei Abnahme von Vogt- und Waisenrechnungen, Gemeinde-, Kirchen- und Armenrechnungen, Vertheilungen, Untersuchungen und Marktstreitigkeiten, ebenso die Besorgung von Briefen, „Vergleichen", Heimatscheinen, welches Alles der Gerichtsherr übernahm, weil die Kanzlei zu Winterthur entfernt

---

*) Gemäß den Schriften dieser Zeit habe ich den Titel „Junker" überall beibehalten: er war allgemein zu dieser Zeit im Gebrauche.

war. Sodann gehörte ihm von dem Einzugsgelde, das ein Fremder beim Einzug in eine der drei Gemeinden, oder das ein Gemeinds=genosse bei Einzug in eine der zwei anderen Gemeinden zu entrichten hatte, allemal der dritte Theil. Dann hieng vom Herrn auch die Wahl der Beamten ab, und jeder neu Gewählte zahlte ihm etwas Bestimmtes für den Kirchenstuhl. Endlich erhielt er von jeder Haushaltung in der Kirchgemeinde zwei Tage umsonst Arbeit („Tagwen") und jährlich ein Fastnachthuhn. Wie es in diesen Zeiten mit den Vogtsteuern und Burglehenzinsen, deren Entrichtung vor allen anderen Zinsen noch 1489 vom Gerichte eingeschärft wurde, gehalten wurde, können wir nicht bestimmt sagen: nur der „dritte Pfenning" (d. h. der dritte Theil jedes Kauferlöses) wird in der Dorfoffnung von Freienstein (1605) als gültig festgesetzt.

Dagegen mußten, um auf das besondere Verhältniß der Gemeinds=bewohner zum Gerichtsherren zu kommen, von den „Unter=thanen" (so werden die Gerichtsangehörigen 1648 geradezu genannt) Jeder dem Herrn einen Eid schwören. Der Schwur war, wie wenig=stens eine im Interesse des Gerichtsherren 1648 verfaßte Aufzeichnung behauptet, von Alters her Brauch. Man verpflichtete sich da, „den Nutzen des Junker Gerichtsherrn zu fördern und seinen Schaden zu wenden" (abzuhalten), seinen Geboten und Verboten zu gehorchen, und jeden gesehenen Frevel ihm oder seinem Vogte anzuzeigen. Dagegen mochten wohl außerordentliche Huldigungen stattfinden, zu denen die Gerichtsangehörigen als solche gesetzlich nicht verpflichtet, die aber im Geiste jener Zeit begründet waren, da die Gerichts=herren sich als „Herrscher" gegenüber „Unterthanen" fühlten. So mußten z. B. 1732, als Junker Hans Meiß starb, und Junker Kaspar Meiß ihm als Gerichtsherr folgte, alle „Unterthanen" zu Rorbas, Freienstein und Teufen den „Eid der Treue und Ergebung" schwören.

Diejenigen Rechte des Gerichtsherren jedoch, welche seit der Reformation dem Volke ganz unbillig erschienen, waren die Jagd=gerechtigkeiten und Fischenzen *). Der Rath zu Zürich stellte sich,

---

*) Schon bei den Unruhen zur Zeit der Reformation, 1525, verlangten die Bauern, gestützt auf das biblische Recht, nach welchem jeder Mensch über die Natur und ihre Erzeugnisse frei verfügen dürfe, die Freigebung der Fisch= und Jagdrechte, welche in den Händen der Landvögte und Gerichts=herren waren. Es kam zu Aufständen z. B. wegen der Fischenzen in der Glatt; (Bluntschli „Republik Zürich" II. 381) der Rath aber schlug die Begehren ab.

wie schon zur Zeit der Reformation, auf Seiten der Gerichtsherren und bestätigte diesen ihre Rechte in vollem Umfange. Als z. B. 1605 Diebolt Merk zu Rorbas Junker Hans Meiß schmähte, und ihm das Jagdrecht absprach, und 1613 Einwohner von Embrach sich unterstanden, in der Töß zu fischen, bestätigte der Rath ausdrücklich nach den „alten Briefen" der Herrschaft Teufen beide Rechte und die Abstrafung der Frevler in dieser Hinsicht.

Aber den Gemeinden schien doch der Gerichtsherr seine Befugnisse gar schroff zu behaupten. Es war die Gemeinde Freienstein, welche 1603 in bedenkliche Reibungen mit demselben sich einließ. Zunächst klagte sie den Junker Hans Meiß an, daß er ihnen ihre Offnung, die sie einst dem vorigen Gerichtsherren, Junker Hans von Ulm, gegeben hätten, nicht herausgebe, und forderten ihn auf, daß er seine „Briefe und Siegel um seine Rechte" vorweise. In Betreff des Anklagepunktes freilich fand der Rath keinen thatsächlichen Anhaltspunkt vor, aber die Forderung ist das Zeichen offener Auflehnung einer durch den Herrn sich eingeschränkt fühlenden aufstrebenden Gemeinde. Andere Anlässe zu Verwicklungen boten sich noch dar: noch im nämlichen Jahre 1603 klagte die Gemeinde Freienstein Junker Hans Meiß an, weil er nicht zuließ, daß die Bürger mit dem Vieh in die Waldungen der Schlösser Teufen und Freienstein am Irchel fahren, wozu sie doch seit alter Zeit ein Recht gehabt hätten. Junker Meiß jedoch bestritt der Gemeinde dieses Recht, und der Rath stimmte ihm bei, indem er die Freiensteiner mahnte, den Gerichtsherrn in seinen Besitzungen unangetastet zu lassen. Merkwürdiger Weise aber erhob sich die erbitterte Gemeinde noch zu einer dritten Klage: sie beschwerte sich darüber, daß, wenn Einer um eines Vergehens willen dem Landvogte zu Kyburg in Buße verfalle, Junker Meiß nichts desto weniger für sich eine Buße verlange, welches, setzten sie, sehr bemerkenswerth, hinzu, die vorigen Gerichtsherren nicht so gehalten hätten. In diesem letzteren Falle nun schlug der Rath einen Mittelweg ein, und verfügte, daß die Bußen für Schlichtung eines Streites dem Gerichtsherrn, diejenigen für Neubruch des Friedens dem Landvogte gehören sollten.

Man sieht aus diesen Vorfällen, wie sehr die Gemeinde dem Gerichtsherrn eifersüchtig gegenüberstand, stets auf das alte Herkommen zurückblickte und dasselbe jeden Neuerungen gegenüber gewahrt wissen wollte. Die Forderung an den Junker, die „alten Briefe" vorzuweisen, und die ihnen vorgeblich entzogene Offnung zurück zu erstatten, steht damit im Zusammenhange, und entspricht ähnlichen Vorgängen an anderen Orten *). Man muß sich aber sagen, daß dieses Benehmen der Gemeinde doch keineswegs ganz ohne Grund sein konnte, daß dasselbe vielmehr nur zu erwarten war, weil die Gerichtsherrn ihre Rechte erweiterten, ihre Herrschaft zu steigern bestrebt waren und die Gerichtsangehörigen ganz als „Unterthanen" behandelten.

In einzelnen untergeordneteren Rechten mochten sich die Ge= meinden allerdings bisweilen freiwillig fügen; so soll z. B. 1634, freilich nach einer Aufzeichnung im Interesse des Gerichtsherrn, die Gemeinde Rorbas „freiwillig und ungezwungen" beschlossen haben, daß die Förster der Gemeinde Jeden, welcher in Holz und Feld „frevelte", nicht nur, wie bisher, den Dorfmeiern, sondern auch dem Vogte des Gerichtsherrn, also diesem selbst, anzeigen sollten.

Der strengen Wahrung, ja Ausdehnung der gerichtsherrlichen Befugnisse entsprach auch ein Streit zwischen dem Gerichtsherrn und dem Landvogte von Kyburg wegen des Richtens über Erb und Eigen. Es hatte derselbe schon 1608 begonnen; das damals Ge= schehene ist uns aber unbekannt, und erst über den heftigen Ausbruch desselben von 1676 liegen uns Einzelheiten vor, welche unsere bis= herigen Betrachtungen noch mehr veranschaulichen werden.

Hans Fritschi, der Schmied zu Rorbas, wendete sich nämlich an den Landvogt zu Kyburg, Hs. Rudolf Ulrich zu Zürich, wegen der streitigen Hinterlassenschaft seines Vaters, der nebst ihm noch einige verheirathete Töchter hinterlassen hatte. Auf seine Anfrage, an wen er sich zu wenden habe, belehrte ihn der Landvogt, daß das Richten um Erb und Eigen nicht vor den Gerichtsherrn zu Teufen, sondern vor das Grafschaftsgericht gehöre. Aber Junker Major Heinrich Meiß, der damalige Gerichtsherr, zog die Angelegenheit an sich, und urtheilte darüber mit seinen Richtern. Ueber das von ihm gefällte Urtheil beklagten sich nun aber die Schwäger Fritschis und wendeten sich an den Landvogt und schließlich an den Rath

---

*) Vortrefflich paßt auf diesen Einzelfall die, anderweitigen Thatsachen entnommene, allgemeine Bemerkung bei Strickler: Schweizergeschichte II. 189 f.: „In den Neuerungen der Obrigkeiten sahen die Bevölkerungen einen Bruch der Verträge, welche sie an die Herrschaft banden, und wo sie dagegen sich auflehnten, forderten sie vor Allem die Rückkehr zu der einseitig verlassenen Grundlage, die Vorweisung der Urkunden, die Herausgabe der ihnen ent= zogenen Briefe . . ."

zu Zürich. Ausführlich schrieb der Landvogt eine Belehrung über die Rechtsfrage an den Rath. Er bemerkt, daß „alte Urkunden und Briefe" im Schlosse Kyburg liegen, welche aussagten, daß das Richten über Erb und Eigen der Hoheit (hohen Gerichtsbarkeit) zugehöre, und welche im Besonderen aufweisen, daß die Bußen zu Korbas über Erb und Eigen dem Vogte zu Kyburg, zu Handen der Obrigkeit gehörten, und es sei ja bekannt, daß, „was man zu büßen, man auch zu richten habe".

Es ist hiebei nicht denkbar, daß der Landvogt seine eigenen Rechte habe erweitern wollen, und die Sache aus Parteilichkeit in dieser Weise zu seinen Gunsten beleuchtet habe. Denn aufrichtig sagt er in seinem Briefe, daß er persönlich durchaus nicht dem Hause Teufen in seinen Rechten Eintrag thun wolle: im Gegentheil, wenn dasselbe die Gnade erlange, daß ihm die Rechte vermehrt würden, so möge er dieselben ihm von Herzen gerne gönnen.

Nichts desto weniger scheint sich der Rath mehr auf Seiten des Gerichtsherrn gestellt zu haben. Denn eine amtliche Eingabe über die Rechte des Hauses Teufen im Jahre 1806 — die gleichzeitige Verfügung konnte ich nicht finden — bemerkt ausdrücklich, daß dem Gerichtsherrn zu Teufen das Urtheilsprechen über Erb und Eigen zustehe, allerdings mit Appellation an den kleinen Rath.

Dieses Beispiel zeigt uns vollkommen, welche Reibungen auch mit höheren Kompetenzen durch das Streben der Gerichtsherren nach Ausdehnung ihrer Rechte entstanden.

Man glaube aber ja nicht, daß bei diesem Streben die Verfügungen und Gebote ganz ihrer Willkühr anheimgestellt gewesen seien, und daß das Recht als solches außer Acht gelassen worden sei. Ausdrücklich mußten ja die Richter schwören, ohne jede Rücksicht auf Personen und Beziehungen, rein nur „Gott und das billige Recht anzusehen", und kein Fall liegt vor, in welchem diese Verpflichtung verletzt worden wäre. Dazu mochte beitragen, daß in ganz rechtlicher Weise nicht immer der Gerichtsherr selbst, sondern an seiner Stelle der Untervogt das Gericht leitete. Dieser allerdings mußte schwören, „seinem Junker und Gerichtsherrn in Allem dienstbar, gewärtig und gehorsam zu sein". Einen willkommenen Schutz für die „Unterthanen" gegen ungerechte Entscheidungen bildete in allen Fällen das Recht, an den Rath appelliren zu dürfen: von diesem Rechte wurde in den drei Jahrhunderten, die wir hier betrachtet haben, sehr häufig Gebrauch gemacht. —

Dies sind die Hauptzüge der Ausbildung unserer Herrschaft Teufen, wie sie sich freilich nur unvollkommen noch erkennen lassen. Es ist diese Erscheinung gleichsam die letzte der „alten Zeit" unserer Gemeinden; denn die Neugestaltung des Gemeindelebens, welche die Neuzeit charakterisirt, forderte, wie wir sogleich sehen werden, als erstes Opfer die Beseitigung eben dieser Herrschaft. —

Vierter Abschnitt.

Die Neugestaltung des Gemeindelebens.
(von 1798 bis zur Gegenwart.)

Erstes Kapitel: Die Umwandlung durch die Revolution.

1. Die Uebelstände und Lasten.

Man muß sich bei der Betrachtung, wie unserer vaterländischen Geschichte, so auch der Geschichte unserer Gemeinden, zum Verständniß der Bedeutung und der Folgen der Revolution, die Zustände unmittelbar vor dem Ausbruche derselben recht vergegenwärtigen.

Wir haben gesehen, daß seit der Reformation, wie überall, so auch hier das Gemeindewesen einen ersten selbständigen Aufschwung genommen hat, und daß dasselbe im Laufe des 17ten Jahrhunderts unter dem Einflusse einer ökonomischen Wohlfahrt gedieh. Aber mit diesem selbständigen neuen Triebe konnte sich die Gerichtsherrschaft Rorbas-Freienstein-Teufen keineswegs vertragen. Die Gerichtsherren strebten darnach, ihre Befugnisse zu erweitern, betrachteten die Gerichtsangehörigen als „Unterthanen" und suchten ihre Herrschaft zu steigern. Nicht zu verwundern hat man sich daher, wenn die Gemeinden Streitigkeiten und Reibungen mit dem Gerichtsherrn bekamen, und wenn eben aus dieser Zeit die mißbeliebigen Erinnerungen an die „Junkerherrschaft" zu Teufen sich bis jetzt erhalten haben.

War so eine freie Entfaltung des Gemeindewesens unmöglich, so kamen dazu noch Mißstände der bestehenden Gemeindeeinrichtungen selbst. Wir haben gesehen, welche kleinliche Streitigkeiten zwischen den Dorfbewohnern und gewissen Theilen der Gemeinde selbst, die, durch ihr Alter schon fast unbrauchbar gewordenen, Bestimmungen über Weidrecht, Allmendgüter, Umzäunungen, Feldbau u. drgln. herrschten. War ein Zustand, in welchem scharf die Reichen und Armen, die Hofbauern und Tauner, geschieden waren, in welchem das Bürgerrecht ganz und gar an den Besitz von Erb und Eigen in der Gemeinde geknüpft war, in welchem streng zwischen Allmendgütern und Gütern der einzelnen Bewohner unterschieden wurde, war ein solcher Zustand auf die Dauer haltbar? Keinem Menschen wurde ja im Feldbau und in der Viehwirthschaft, besonders im Weiden des Viehs, möglichst freie Hand gelassen: Jeder war in Allem an die althergebrachten Gebräuche und Bestimmungen gebunden, und mußte sich stets ängstlich fragen, ob er dieselben nicht etwa irgendwo übertrete.

Um so mehr bedurften diese Verhältnisse einer Umgestaltung, da der Geist der Bevölkerung keineswegs den Anforderungen entsprach, wie sie seit der Reformation erhoben wurden. Das kirchliche Leben war erstarrt: keine auch nur erwähnenswerthe That geschah auf diesem Gebiete, außer daß etwa die laufenden Bauten ausgeführt wurden. Von den Pfarrern kennt man ja, wie wir gesehen haben, bloß die Namen, und noch etwa, wie sie vom Chorherrenstifte erwählt und vom Gerichtsherrn der Gemeinde vorgestellt wurden *). Die Thätigkeit der Kirchenpflege (oder des Stillstandes), die früher keineswegs durch freie Wahl der Gemeinde selbst, sondern durch den persönlichen Willen des Gerichtsherrn eingesetzt wurde, und aus vier „Ehegaumern" bestand, ist ganz erloschen: von so geringer Bedeutung war sie, daß die Verhandlungen der Behörde keiner Aufzeichnung werth schienen: erst mit 1773 beginnen spärliche Protokolle, aus denen man sieht, wie ganz allmählich und mühsam sie sich entwickelte. Vom vernachläßigten, niederen Stande des Schulwesens macht man sich keine Vorstellung: kaum wurden einige halbe Tage der Woche für den Unterricht verwendet, und selbst nur von ordentlichem Lesen konnte keine Rede sein. Auch von den Lehrern weiß man gar nichts: nur einer ist aus früherer Zeit bekannt, der sich, nach dem Zeugnisse des Pfarrers, ausgezeichnet hat **).

---

*) Diese äußeren Förmlichkeiten haben die Geistlichen immer genau in die Pfarrbücher aufzuzeichnen sich bemüht; aber wie wenig nützt uns die Kenntniß derselben!

**) Nämlich Heinrich Landert von Rorbas 1741. Es wurden früher beinahe immer Männer aus der betreffenden Gemeinde selbst erwählt.

Bei alledem mochten Rohheit und Sittenverderbniß wuchern, wie dies anderswo der Fall gewesen ist *).

Neben alle diese Uebelstände nun muß man noch besonders die althergebrachten Lasten stellen, die jeden Einzelnen drückten, nämlich den Zehnten und die Grundzinse. Unsere Kirchgemeinde gehörte zu denjenigen, die am meisten mit solchen Verpflichtungen belastet war; dieser Umstand bestimmte auch zum Theil ihre Haltung in den folgenden Zeiten der Revolution. Es ist daher hier der Ort, auf diese Lasten näher einzugehen.

Bekanntlich hatte der Zehnten kirchlichen Ursprung: es war derselbe die Abgabe des zehnten Theils des Feldertrages der Kirch= genossen an die Kirche. Aber nach und nach verlor sich dieser Zweck des Zehntens, und es wurde derselbe zu einer Einnahmsquelle derjenigen Person oder Korporation, welche den Kirchensatz (das Recht der Pfarrwahl) besaß. So war es auch bei uns der Fall: im 14ten Jahrhundert bezog zu Norbas und Teufen der Bischof zu Konstanz den Zehnten als Patron der Kirche; mit dem Beginne des 15ten Jahrhunderts (1413) kam der Zehnten durch Kauf an das Chorherrenstift am Großmünster zu Zürich, welch' letzteres ihn stets behielt. Zu Freienstein besaß das Chorherrenstift Embrach den größten Theil des Zehntens, weil Freienstein früher zur Kirche Embrach gehörte. Allein das Stift Embrach bezog auch zu Norbas eine beträchtliche Zehntenabgabe **), und ebenso das Stift Groß= münster zu Freienstein; zu Teufen besaß, meistens durch Verleihung, auch das Schloß Zehnten. Die diesen Korporationen zugehörenden Zehnten waren aber keineswegs geschieden: die zehntenbaren Güter lagen alle gemischt durch einander.

---

*) Man könnte vielleicht glauben, ich unterdrücke überall diejenigen Beispiele, welche auf die Zustände der Gemeinden ein übles Licht werfen könnten. Allein die Ursache dieser Lücke ist eben der Mangel an genügenden Aufzeichnungen darüber. Indes ist zu bemerken, daß auch hier, wie anderswo, genug Vorfälle sich ereignen mochten, welche einem allgemeinen Zustande der Rohheit und Sittenverderbniß entsprangen, wie man in anderen Gemeinds= geschichten (Glattfelden und Hinweil von Pfarrer Näf; Oberglatt von Pfarrer Tiener u. A.) lesen kann.

**) Sehr wahrscheinlich seit der Zeit, da auch Norbas noch zur Kirche Embrach gehört haben mochte. Es ist auch dies ein sehr gewichtiges Moment für die oben S. 35 von mir aufgestellte Vermuthung. Laut einer Urkunde von 1224 stritt damals das Stift Embrach um den Zehnten im Wiler mit Ritter Eberhard Müller.

Theils dieses verwickelte Verhältniß, theils auch das Mißvergnügen der Leute über diese Abgabe überhaupt, gaben nun Anlaß zu endlosen Reibungen. Seit 1520 fanden zwischen dem Stifte zu Embrach und zu Zürich gegenseitige Vergleiche statt zur Vermeidung von Streitigkeiten beim Bezuge des Zehntens: es liegen dafür auch Beispiele von 1640, 1732, 1749 und 1770 vor. Im letzteren Jahre endlich (1770) wurde mit großen Kosten und endloser Mühe durch eine genaue Karte und weitläufige Verzeichnisse der Zehnten=bezug definitiv geregelt. Auch mit dem Gerichtsherrn zu Teufen hatte das Stift Großmünster fort und fort Streitigkeiten, indem das letztere immer behauptete, der „Junker" beziehe zu viel Zehnten, so daß es selbst übervortheilt würde. Die Bauern sahen natürlich solche definitive „Vereinigungen" nicht gerne; denn so wurde der Zehnten allemal möglichst ausgedehnt, und trotz der Menge von Zehntenschätzern, Waibeln, Trottknechten, und Trottmeistern, gelang es ihnen bisweilen, von dem Zehnten einen Theil zu behalten und denselben nicht vollständig abzuliefern. Es wird geklagt, daß, ob=schon der Norbasser Wein einen großen Ruf habe, die Qualität des Zehntens demselben nicht entspreche, und daß besonders der rothe Wein niemals die gewünschte Farbe besitze. Auch über Unvollstän=digkeit des trockenen Zehntens wird geklagt, ja um 1769 hören wir von einem heimlichen Einverständnisse von zwanzig „der vor=nehmsten" Bauern, den Zehnten nicht dem wahren Werthe nach abzuliefern, durch welchen Vorfall nicht am wenigsten eben jene große und genaue Vereinigung von 1770 angebahnt wurde. Und man denke nur nicht, daß diese Thatsachen bloß vereinzelt waren: dem Bauer war eben nichts widerwärtiger, als die ihm unverständ=liche Abgabe von seinem unter Mühen und Sorgen erlangten Er=trage. Welche Ausdehnung zudem der Zehnten hatte, mag man daraus entnehmen, daß zu Norbas 1770 ungefähr 400 Jucharten zehntenpflichtig; nur 100 Jucharten dagegen zehntenfrei waren.

Eine anders geartete Last des Grundbesitzes bildeten die Grund=zinse, mit denen unsere Gemeinden, wie wenig andere, beladen waren. Wir haben schon oben gesehen, daß solche Grundzinse durch Verleihung von Höfen entstanden, und haben bemerkt, wie sehr die Gemeinden in solche den verschiedensten Herren zugehörende Höfe zertheilt waren. Zu Norbas bestanden etwa vier große und un=gefähr 17 kleinere, zinsbare Höfe und Güter, zu Freienstein 7 Höfe, zu Teufen 6; wobei die vereinzelten zinsbaren Grundstücke nicht mitgerechnet sind. Solche Grundzinse hatten zu fordern: das Stift Großmünster, das Amt (früher Stift) Embrach, das Amt (früher Kloster) Töß, der Bischof von Konstanz, das Kloster Allerheiligen zu Schaffhausen, das Kloster St. Agnes und der Spital daselbst, das Stift St. Blasien im Schwarzwalde, das Schloß Teufen und mehrere Privaten. Es gab Leute, welche nach verschiedenen Orten zugleich Grundzins entrichten mußten, und oft traten große Schwierigkeiten ein, indem man z. B. nicht wußte, wem nun Das, wem Dieses gehöre; ja einige Grundzinse waren gar nicht mehr abgeliefert worden. Auch hier mußten Vereinigungen helfen: nach einer solchen von 1723 betrugen die Zinse zu Rorbas und Freienstein nur an „Kernen" (ohne Geld, Wein und übrige Früchte) gegen 150 Mütt.

Niederschlagend mußte nun der Umstand wirken, daß beide Lasten, des Zehntens und der Grundzinse, „ewig" dauern sollten: Niemand konnte nach damaligen Verhältnissen an eine Ablösung und Tilgung der Schuld denken.

Wie sollten diese Uebelstände und Lasten beseitigt werden?

Diese Frage ist leicht zu beantworten, da fast in allen Ländern Gegensätze und hergebrachte Mißstände herrschten, vor denen die Uebelstände an den einzelnen Orten verschwinden mußten. Ein allgemeiner Krieg, eine allgemeine Revolution, konnte eine Neugestaltung aller Verhältnisse möglich machen.

2. Die Kriegszeit.

Die Kriegsereignisse vom letzten Jahrzehend des vergangenen Jahrhunderts sind dem Volke hinreichend bekannt, theils von der Schule her, theils durch die Erzählung derjenigen, welche diese Ereignisse selbst erlebt haben. Es kann uns daher im Folgenden nur darauf ankommen, die Theilnahme unserer Gegend an denselben, und besonders die eingreifende Wirkung, welche sie auf die Entwicklung unseres Gemeinwesens übten, darzustellen. —

Bei allen Kriegsbewegungen gegen den Norden unseres jetzigen Vaterlandes, gegen den Rhein hin, hat unsere Gegend als Gränzgebiet, ihren Antheil gehabt: wir haben das schon oben, in den Zeiten der Völkerwanderung, gesehen; und so geschah dies nun auch jetzt.

Als nämlich Mitte des Jahres 1796 die Franzosen und

Oesterreicher hart an der Gränze unseres Landes kämpften, wurde eine Gränzbesetzung beschlossen. Die Truppen wurden hauptsächlich aus dem Töß- und Thurthale ausgehoben. Zu Eglisau, dem Sammelorte desjenigen Quartieres, welchem unsere Gegend zugetheilt war, standen 996 Mann unter Oberst Salomon Landolt von Zürich, dessen Schwager Hans Meiß, Gerichtsherr zu Teusen, unter dem die Mannschaft unserer Gemeinden stand. Von hier aus beobachteten sie die feindlichen Bewegungen, um Grenzverletzungen zu verhüten: alle Fremden, die man traf, wurden entwaffnet. Von da an blieb die Gränze fast immer besetzt.

Bald sollte unsere Mannschaft auch unmittelbar am Kriege theilnehmen, und dem Feinde gegenüber treten. Als 1798 die Franzosen in die Schweiz einbrachen, und die innere Schweiz und Bern bedrohten, sollte Zürich Truppen zur Hülfe senden. Schon war ein Bataillon zusammengebracht: ein zweites sollte aufgeboten werden, und zwar eben aus unseren Gegenden. Junker Hans Meiß von Teufen war Militärbefehlshaber im Quartiere Eglisau, und er, wie auch Salomon Landolt, gaben sich alle Mühe Leute zusammenzubringen; allein es war sehr schwierig: sobald Einige besammelt waren, liefen sie leicht wieder aus einander. „Erst am 5. Februar kamen ein paar Dutzend feurige Rorbasser, mit Begeisterung den 25. Psalm singend, daher" *). Dieses wirkte entscheidend: Mannschaft von Seglingen schloß sich ihnen an, Junker Hans Meiß brachte noch weitere Truppen zusammen, und die muthige Schaar zog unter Salomon Landolt nach Zürich. Das Weitere ist uns aber leider unbekannt.

Im Beginne des Jahres 1799, als nach der Bewältigung der Schweiz, und deren Umgestaltung zur helvetischen Republik, die auswärtigen Kämpfe zwischen Franzosen und Oesterreichern wieder ausbrachen, glaubte man, daß die Kriegsbewegung in unsere Gegend selbst sich verlege. Die Franzosen, von den Oesterreichern gedrängt, drohten nach der Niederlage in Schwaben von Schaffhausen her

---

*) Ich bemerke hier, daß ich diese früheren Vorgänge der Biographie Salomon Landolts von David Heß entnommen habe; die Schilderung der Kriegsbewegungen habe ich aus der ganz authentischen Darstellung in den betreffenden Neujahrsblättern der Zürcherischen Feuerwerkergesellschaft, sodann einer fast gleichzeitigen Aufzeichnung im Rorbasser Gemeinderathsprotokoll, endlich den Beiträgen im „Zürcherischen Taschenbuche" (Jahrgang I. 1858) geschöpft.

anzurücken. Am 8. März ertönten Sturmglocken, und man sah Feuer von Andelfingen her. Schnell raffte Junker Meiß seine Mannschaft zusammen, und zog, freilich nur mit 80 Mann und einem Feldstücke, durch Rorbas, und mit unseren Leuten gegen Andelfingen. Da drohte aber auch Gefahr von Eglisau her, und Hauptmann Schneeberger von Glattfelden zog aus unserem Dorfe mit Mannschaft dahin ab; mit Mühe gelangte Meiß auf dem Rheine mit ihm zusammen. Doch scheinen noch keine ernsten Vorfälle eingetroffen zu sein.

Erst im folgenden Monate (April) erfolgten die entscheidenden Bewegungen. Die Oesterreicher überschritten den Rhein, und gelangten am 22. Mai bis nach Andelfingen und Ossingen. Die Franzosen mußten sich auf die Tößlinie zurückziehen, und diese zu behaupten suchen. Die zürcherische Artillerie auf Seiten der Franzosen erhielt jetzt Befehl, in angestrengtem Nachtmarsche nach Rorbas auf die hiesigen Höhen sich zurückzuziehen. Hier trafen sie zwei Zürcherbataillone, welche die von ihnen besetzt gehaltene Linie von der Thurmündung bis nach Hinterteufen verlassen hatten, unter Barracken gelagert. Ihnen gegenüber hielten sich sechs Kompagnieen französischer Grenadiere unter Kanonen Wache haltend. Noch am 22. Mai kamen die Oesterreicher bis Nestenbach; aber die Franzosen hielten fest an ihrer Stellung auf der „Haardbrüti" oberhalb Rorbas.

Auf den 27. Mai nun beschlossen die Oesterreicher ein allgemeines Vorrücken. Da kamen am 27. Mai, Abends halb 6 Uhr, einige Hundert Oesterreicher von Tättlikon nach Freienstein; die Franzosen auf der Haarbrüti waren 500 Mann stark. Sogleich begann ein gegenseitiges Schießen; bald mußten die Franzosen weichen; als die Nacht dem Gefechte ein Ende machte. Morgens 8 Uhr begann man das Gefecht wieder; „kreuz und quer kamen die Franzosen vom Tättenberg und von der „Wagenbrächi" her", und griffen auf allen Seiten die Oesterreicher an; endlich mußten die letzteren weichen, denn die Franzosen waren zwei- bis dreimal stärker. Doch ließen sie den Muth nicht sinken, rafften sich auf, und zwangen die Franzosen zum Rückzuge. So gieng's fort, „und so war, sagt der fast gleichzeitige Bericht des Gemeindeprotokolles, jede Partei den Tag hindurch dreimal Herr der Gemeinde Rorbas". Bis Abends halb 10 Uhr wurde fast ununterbrochen gekämpft, besonders heftig um den Steg über die Töß zwischen Rorbas und Freienstein. Die Einwohner „voll Angst und Schrecken", hielten sich in den Kellern auf. Ihre Befürchtung jedoch, daß ihre Woh= nungen in Brand gesteckt würden, gieng nicht in Erfüllung; auch hatte nur ein einziger der Bewohner das Unglück, ein Opfer des Gefechtes zu werden, nämlich alt Seckelmeister Heinrich Fritschi von Freienstein, der in seinem Hause erschossen wurde. Dagegen wurden viele Leute fast rein ausgeplündert. Mehr und mehr zogen sich die Franzosen zurück, und die Oesterreicher rückten unter beständigen Gefechten über Embrach gegen Kloten. Auf eben demselben Wege waren jene Zürcherbataillone nach der Stadt abgezogen.

So zog sich der Kampf aus unserer Gegend weg in die Ferne, und zwei Jahre lang nahm dieselbe, soviel ich sehe, nicht mehr unmittelbar theil an den Kriegsbewegungen. Wohl aber kämpfte unsere waffenfähige Mannschaft in der Ferne, und es verdient bemerkt zu werden, daß sich hierbei Hauptmann Diethelm Ganz von Freienstein auszeichnete, und deßhalb 1803 zum Aide=Major befördert wurde. Dann fanden auch sehr viele Truppendurchzüge durch unsere Gegend statt, theils von Teufen, theils von Glattfelden her, und unsere Gegend wurde sehr hart mitgenommen, weil die Truppen verpflegt und mit Vorräthen versehen werden mußten. Begreiflicherweise stockte auch vielfach die Arbeit.

Im September 1802 nun, während der Erhebung der Stadt Zürich gegen die helvetische Verfassung und deren Belagerung durch die helvetischen Truppen, zogen sich wieder Bewegungen in unsere Nähe. Man bewies sich in unserer Gegend der Stadt, zu der man vielfach in nahen Beziehungen stand, sehr anhänglich, und so eilte am 10. September Salomon Landolt nach Norbas, um hier Hülfsmannschaft zu sammeln. Ebenso kam am 13. September Oberst Escher, Gerichtsherr in dem benachbarten Berg, um seiner Vaterstadt Hülfe zu suchen. Er sammelte hier zu Norbas 350 Mann, und sendete unter Hauptmann Schaufelberger eine Kom= pagnie bis Embrach. Aber davon wurde der helvetische Oberst Dolder zu Kloten benachrichtigt: schnell rückte er mit seinen Hu= saren über Lufingen, und traf zuerst auf Hauptmann Schaufel= berger und Pfarrer Schweizer von Embrach, welche die Vorposten hatten inspiziren wollen. Der erstere wurde gefangen und seine Mannschaft zu Embrach zersprengt. Pfarrer Schweizer, von zwei Husaren verfolgt, eilte nach Norbas und benachrichtigte Escher und Meiß von dem Vorgefallenen. Diese stellten sich mit ihren Schaaren oberhalb der Haardwaldung auf, beschränkten sich aber auf bloße

Vertheidigung. Gegen Abend kamen sie wieder in's Dorf zurück und zogen noch am nämlichen Tage nach Eglisau ab, um Verstärkung zu holen.

Von nun an hörten die Kämpfe nach und nach auf, während der für die Schweiz so wohlthätigen Zeit der Mediation, welche einerseits durch die allgemeine Erhebung gegen die helvetische Verfassung seit der Belagerung von Zürich, anderseits durch die anerkennenswerthe Thätigkeit Napoleons I. herbeigeführt worden war (1803). Aber im Einzelnen verspürte man die Folgen des vergangenen und des fortdauernden allgemeinen Krieges. Fort und fort fanden Truppendurchzüge statt: fast täglich sah man Militär. Sogar bis 1819 findet man einzelne Verzeichnisse von Ausgaben für Einquartierung, Fouragirung u. drgl. Viele Zerstörungen verursachte der Krieg auch in unserer Gemeinde; z. B. war der große Steg über die Töß ganz unbrauchbar gemacht worden, so daß die Gemeinde unter größter Anstrengung und mit vielem Aufwande eine neue (die jetzige steinerne) Brücke zu bauen genöthigt war.

Doch muß man von allem Unglücke absehen, und die großen so wichtigen Folgen dieser Kämpfe und der damit verbundenen Umwälzungen genügend zu schätzen suchen; denn an sie knüpfte sich der Fortschritt der Zukunft.

3. Die umgestaltenden Folgen der Revolution.

Es war der französischen Nation ernsteste Ueberzeugung, wenn sie „Freiheit und Gleichheit" als Loosungsworte der Revolution aufnahm *).

Es waren diese Worte in erster Linie gerichtet gegen die mittelalterliche Scheidung der Stände, nach welcher der durch Privilegien, Ehrentitel und Auszeichnungen verschiedener Art bevorzugte Adel in schroffem Gegensatze zu den Bauern und Bürgern stand, nach welcher so eine herrschende Klasse über die „Unterthanen" sich gesetzt hatte. Diese Erscheinung sollte beseitigt und die Stände

---

*) Ich erlaube mir über die Bedeutung der Loosungsworte „Freiheit und Gleichheit" und der „Menschenrechte", allfällige Leser aus entfernteren gebildeten Kreisen auf folgende Schrift aufmerksam zu machen: „Lafayette, ein Lebensbild von Max Büdinger, Leipzig 1870": wo Seite 31 und 38 davon gesprochen wird.

allmählich ausgeglichen, das Recht jedes einzelnen Menschen als solchen geachtet und zur Geltung gebracht werden. Damit verband sich überhaupt das Bestreben, jeden Zwang, jede mittelalterliche Last auf allen Gebieten zu beseitigen und möglichste Freiheit walten zu lassen.

Diese Bestrebungen der Umwälzung, die in der Schweiz für immer zur Geltung gebracht zu haben Napoleons I. Verdienst ist, hatten für unsere Gemeinden die wichtigsten Folgen. Wie überall, so trugen auch bei uns alle Aktenstücke die Ueberschrift „Freiheit und Gleichheit", damit Jeder sich des gemeinsamen hohen Zieles bewußt werde. Es war sodann zunächst die Aufhebung der alten Herrschaft Teufen, welche die Neuordnung des Gemeindewesens ermöglichte. Hernach konnte die Gemeinde daran denken, sich von den drückenden Lasten des Zehntens und der Grundzinse durch energische Anstrengung zu befreien.

a. Aufhebung der Gerichtsherrschaft Teufen. Den Grundsätzen, welche mit der Revolution aufkamen, widersprachen die Zustände der „Unterthanschaft", in welchen das Land der Stadt und einzelnen Herrschaften gegenüber sich befand. Wie daher im Februar 1798 die Herrschaft der Stadt Zürich über das Land aufgehoben wurde, so beseitigte die helvetische Verfassung vom April 1798 auch die bestehenden Gerichtsherrschaften zürcherischer Familien auf dem Lande, welche Lehen von der Stadt als dem Landesherrn gewesen waren.

So konnte nun auch Junker Hans Meiß sogleich vom Jahre 1798 an seine gerichtsherrlichen Rechte nicht mehr ausüben. Das Wirthshaus und die Schmiede zu Rorbas, seit alter Zeit Lehen des Gerichtsherrn, mußte er nun verkaufen, blieb aber noch im Besitze des Schlosses und der dazu gehörenden Güter, in der Hoffnung, mit der Zeit seine verlorene Stellung wieder zu erlangen, oder genügend entschädigt zu werden.

Die Mediationsverfassung jedoch machte das erstere zur Unmöglichkeit. Dem Verlangen aller Gerichtsherrn nach Entschädigung gegenüber wurden allerdings 1806 Schritte zur Untersuchung eingeleitet. Da reichte am 4. Februar 1806 auch Hans Meiß das Verzeichniß seiner Rechte der betreffenden Kommission ein. In vierzehn Punkten führte er seine Rechte auf: (Gerichtsbarkeit über alle Frevel bis an das Blut, alle Zivilstreitigkeiten bis auf 60 fl., Auffallsverhandlungen, Ganten, Untersuchungen über Polizeivergehen), seine Gebühren (für Kaufsfertigungen, Briefe und Heimatscheine, Abnahme und Prüfung aller Rechnungen, für „Augenscheine", ferner die Siegelgelder und ½ der Einzugsgebühren) und sein fires Einkommen (an Tagwen und Fastnachthühnern), Alles zusammen geschätzt auf 520—620 fl. Er that das in dem Sinne, als seien diese Rechte ganz eigenthümlicher Art, welche, da sie gleichsam unabhängig von den Landesgesetzen wären, ihm nicht entrissen werden dürften. Er hoffte so, Eindruck zu machen und sogar seine Wiedereinsetzung verlangen zu können. Allein die Kommission beschloß nach eingehender Prüfung am 17. März, den Gerichtsherrn von Teufen, gleich allen andern Gerichtsherren, nicht wieder einzusetzen und auch nicht zu entschädigen. Denn, gab sie zu bedenken, diese Nutzungen und Rechte seien zum größten Theile Zubehörden der Kriminal=Justizverwaltung, welche die Gerichtsherren zu Teufen besessen, und welche unmittelbar mit den gerichtsherrlichen Rechten in Verbindung gestanden hätten. Die Einzugsgebühren seien als Schutzgeld zu betrachten, welches nun nach der Revolution der Regierung gehöre; ebenso seien die Tagwen und Fastnacht=hühner der Unterthanen Personalleistungen für den gerichtsherrlichen Schutz, die jetzt nicht mehr gelten.

So mußte sich Junker Meiß fügen. Nachdem er noch mehrere Jahre angesehene Aemter in unserer Gegend bekleidet hatte, überließ er 1812 das Schloß seinem Sohne Gottfried Meiß und siedelte nach Zürich über. Schloß und Güter waren von bedeutendem Umfange und vorzüglich zugleich. Seit einem Verkaufe von 1818 gehörte freilich der Burghügel Freienstein nicht mehr dazu; allein das schöne Schloßgebäude mit dem angenehmen terrassenförmig angelegten Garten, mit den wohl unterhaltenen meist neuen Nebengebäuden, einer sehr einträglichen Ziegelbrennerei, dazu vielen nutzbaren Gütern, vortrefflichem bedeutendem Obstwachse, etwa 11 bis 12 Jucharten Reben des kostbarsten Weingewächses, weitläufigen Fischenzen in der Töß, endlich einer ausgedehnten Waldung am Itchel von mehr als 500 Jucharten, gaben und geben noch jetzt diesem Sitze einen hohen Werth. Endlich 1838 verkaufte Gottfried Meiß dieses Alles um 139,000 fl. an einen Privatherrn; nachher fanden noch mehrere Käufe statt, bis endlich in neuerer Zeit die Regierung das Schloß sammt Liegenschaften kaufte und verpachtete.

b. **Neuordnung des Gemeindewesens.** Die Beseitigung der Herrschaft Teufen, welche, wie wir gesehen haben, den ganz freien

Aufschwung des Gemeindewesens allein bisher gehemmt hatte, machte nun die Neuerung des Gemeindewesens möglich.

Hatte vorher die Wahl aller Gemeindebeamten vom Willen des Gerichtsherren abgehangen, so bekam jetzt durch die Bestimmungen vom 15. Februar 1799 die Gemeinde das Recht der Selbstwahl. In jeder Gemeinde sollte die Versammlung aller Aktivbürger als Ortspolizei eine sogenannte „Municipalität" und eine „Verwaltungskammer" wählen, welche die Gemeindegutsverwaltung besorgte, und ihrerseits dann den Seckelmeister, Armenpfleger, Bau- und Forstaufseher wählte. Zu Rorbas waren drei Municipalisten, nebst einem „Agenten" (Aktuar); dieselbe Zahl galt für Freienstein und Teufen zusammen: damals zuerst wurden diese Gemeinden zu einer einzigen politischen Verbindung zusammengezogen, wie dies noch heute der Fall ist.

Diese Ordnungen jedoch hielten sich nicht lange: sie fielen mit der überhaupt unhaltbaren helvetischen Verfassung. Die an ihre Stelle tretende (von Napoleon gegebene) Mediationsverfassung von 1803 setzte ganz andere Verhältnisse fest.

Der ganze Kanton wurde in Bezirke und Zünfte getheilt: Rorbas kam zum Bezirke Bülach und zur Zunft Embrach, während Freienstein und Teufen dem Bezirke Winterthur und der Zunft Nestenbach zugetheilt wurden. Die Gemeindsbehörden, welche diese Verfassung bestimmte, sind bis heute geblieben: Gemeinderath, Gemeindammann und Friedensrichter.

Trotz vieler sehr weiser Bestimmungen fand die Abstimmung über diese Verfassung doch ziemliche Schwierigkeiten, namentlich in unserer Gegend. Es waren nämlich Viele unzufrieden über die gesetzlichen Bestimmungen über die Art des Loskaufes von Zehnten und Grundzinsen; denn sie wollten lieber, daß der große Zehnten, wie 1798 der kleine *), einfach abgeschafft würde, was aber natürlich nicht angieng. Als man nun im Bezirke Winterthur zur Abstimmung schritt, wurde zuerst zu Dynhart am 19. März (1803) die Huldigung unterbrochen, besonders von zwei Mitbürgern der Gemeinde Freienstein, die sich dort befanden, dem Gemeindspräsidenten und dem Gemeinderathsschreiber **). Als dann am gleichen Nach-

---

*) D. h. Obst, Rüben u. drgl.
**) Für die Darstellung dieser Unruhen muß ich Leuthys „Geschichte des Kantons Zürich" verantwortlich machen. Ich zog es jedoch vor, die Namen der Betreffenden nicht zu nennen: sie thun ja auch nichts zur Sache.

mittage zu Neftenbach, wo auch Freienstein und Teufen abstimmen sollten, die Huldigung vorgenommen werden sollte, erfolgte Geräusch während des Gebetes und der Lärm störte die Abstimmung. Der eine der beiden Bürger rief: „Gott und der Obrigkeit wollen wir schwören, nicht aber auf die ungerechten Zehnten= und Grundzins=loskaufsgesetze!" Mehrere Bürger von Freienstein, Teufen und Buch widersetzten sich so sehr, daß die Eidesleistung eingestellt werden mußte. Später büßten beide Gemeinden, Freienstein und Teufen, den Aufruhr und das Nichtschwören mit 800 fl., und drei Bürger wurden verurtheilt und verwiesen. Die Unruhen waren jedoch nicht von Erfolgen begleitet und beschränkten sich bloß auf einige Gegenden.

Gemäß ihrer Stellung seit 1798 bekamen Freienstein und Teufen auch nur gemeinsame politische Beamte: Präsidenten und Friedensrichter. Aber bald wählte Teufen mit Billigung der Regierung einen eigenen Friedensrichter. Jetzt war nur noch eine Schwierigkeit vorhanden, indem nämlich Teufen und Freienstein durch die Bezirksverbande getrennt waren. Auch diese wurde nach einigen Jahren beseitigt: auf ein Gesuch des Herrn Statthalter Dr. Ganz in Norbas wurde durch Rathsbeschluß vom Jahr 1809 Freienstein und Teufen auch dem Bezirke Bülach, und der Zunft Embrach einverleibt. Mit der neuen Verfassung vom Juni 1814 kam dann die gesammte Kirchgemeinde zum Oberamte und zur Zunft Embrach, — denn in Oberämter und Zünfte wurde der Kanton getheilt, — die Gemeindeorganisation jedoch blieb den Grundzügen nach so, wie die Mediationsverfassung sie festgestellt hatte. —

Aber nicht nur die Gemeindsbehörden und der politische Verband änderte sich durch die Revolution, sondern auch Stellung und Rechte der Gemeindebürger selbst.

Von jetzt an war das Bürgerrecht nicht mehr an den Grund=besitz gebunden: alle männlichen Personen, welche von Bürgern abstammten und das Bürgerrecht erkauft hatten, galten als völlig gleich berechtigte Bürger. Da nun so die Bürgerzahl sich erheblich vermehrte, kam die Gemeinde auf die Verhältnisse des 17ten Jahr=hunderts zurück, und wollte demgemäß auch das Einzugsgeld erhöhen, damit die Zahl nicht gar zu groß, und der Bürgernutzen zu klein werde. So faßte sie denn am 4. Oktober 1798 den sehr kühnen, aber ganz überstürzten Beschluß, daß jeder Fremde bei Erwerb des Bürgerrechtes, anstatt wie bisher 30 fl. nebst Zubehörden, nun

200 fl. sammt Zubehörden zahle. Aber der runde, energische
Abschlag von Seite des Unterstatthalters des Diftriktes Baffersdorf
zeigte der Gemeinde, daß die Verhältnisse anders geworden. — Die
Rechte der Bürger veränderten sich nun auch: das Weidrecht auf
die Allmende und der Antheil an derselben galt nicht mehr als
Hauptrecht des Bürgers, sondern die Allmendgüter wurden nun
alle von Zeit zu Zeit verpachtet und verliehen. Dagegen erlangte
das Gemeindegut erhöhte Bedeutung, indem die Verwaltung streng
geregelt und beaufsichtigt wurde, und die Einnahmen sich vermehrten.
Das Weiden des Vieh's wurde nun Jedem nach eigenem Gutdünken
überlassen, ebenso hörten alle jene einschränkenden Bestimmungen
über Zäunung, Landbau, Wegrechte u. drgl. nach und nach auf,
und Jeder konnte sich möglichst frei bewegen.

    c. Loskauf von Zehnten und Grundzins. Wir haben gesehen,
wie das Gesetz von 1798 den kleinen Zehnten einfach aufhob, und
dasjenige von 1803 Bestimmungen über den Loskauf des großen
Zehntens erließ. Die gehässige Stimmung gegen die Letzteren
wendete sich nach und nach, und man traf Anstalten zum Loslaufe.

    Zunächst wurden für die Kapitalisirung des Zehntens Verei-
nigungen vorgenommen; zu Rorbas 1808 und 1809. Am frühesten
ging die Gemeinde Freienstein an den Loskauf: dort wurde der
dem Amte Embrach zustehende Zehnten 1818 kapitalisirt, und
Martini dieses Jahres schon erfolgte die erste Zahlung; alle Jahre
giengen die Zahlungen fort, bis endlich 1825 das ganze bedeutende
Kapital von 29,004 Fr. 25 Rp. abbezahlt war. Nachdem so der
größte Theil des Zehntens getilgt war, konnte 1835 Freienstein
daran denken, auch den Zehnten, welcher dem Stifte Großmünster
gehörte, loszukaufen, um 286 fl. 19 ß. 6 Hlr.

    Das freie Vorgehen der Gemeinde Freienstein wirkte auch an-
regend auf Rorbas. Und als nun 1832 das Stift Großmünster
aufgehoben wurde, kündeten Rorbas und Teufen ihren Zehnten der
nun errichteten Stiftpflege. Die Zahlungen begannen und dauerten
bis 1841; in diesem Jahre war das Kapital für den trockenen
Zehnten im Betrage von 10,073 Fr. 20 Rp. abbezahlt. Sodann
wurde von 1832 bis 1845 der Weinzehnten des Stiftes in der
gesammten Kirchgemeinde um 11,120 Fr. 10 Rp. losgekauft.

    So war nun die Kirchgemeinde in kurzer Zeit vermöge be-
deutender Anstrengung vom Zehnten frei: Jeder konnte jetzt sein
Feld bauen, wie er wollte, und sich des ganzen Ertrages freuen.

Schwieriger war der Loslauf der Grundzinse, indem bei der Menge von Gläubigern, der Zerstreutheit der Güter, und der Verschiedenheit des Ertrages endlose Schwierigkeiten aufstießen. Eine ganze Reihe von Vereinigungen mußten vorangehen, und erst 1846 beschloß die Kirchgemeinde, durch das Beispiel anderer angeregt, die Kapitalisirung des gesammten Grundzinses. Sogleich schritt man zur Ausführung: eine Kommission unter dem Präsidium des Herrn Kantonsrath Brunner leitete und beaufsichtigte das Ganze. Es zeigten sich im Ganzen vierzehn Gläubiger, und die Loskaufssumme betrug 73,700 Fr. 56 Rp. Alle Jahre erfolgten Zahlungen: Posten um Posten wurde erledigt, bis endlich Martini 1861 nach saurer Mühe und großen Kosten die ganze Kirchgemeinde von der Last frei war. —

Wie ganz anders stand es nun, als vor hundert und zweihundert Jahren! In schwachen Anfängen regte sich damals das seit der Reformation etwas zum Selbstbewußtsein erwachte Gemeindewesen; aber die Schranken waren zu groß, die Mittel zu klein. Beide Hemmnisse beseitigte die Revolution, und gab den Anstoß zur Neugestaltung.

Schon diese bedeutende ökonomische Anstrengung, welche der Loslauf der Zehnten und Grundzinse erforderte, ist ein Beweis der inneren Kräftigung, welche durch diese Neugestaltung herbeigeführt worden ist: in den großen Zusammenhang und die inneren Gründe dieser Entwickelung aber führt uns die Betrachtung des Lebens der Neuzeit.

Zweites Kapitel: Das Leben der Neuzeit.

1. Steigerung des materiellen Wohles *).

Seit ältester Zeit bildete die Landwirthschaft die Hauptbeschäftigung der Masse der Bevölkerung. Emsig und in ausgedehnter

---

*) Ich muß hier bemerken, daß ich durchaus nur dasjenige hier aufnehme, was in eine geschichtliche Darstellung paßt: ich will nicht die Zustände auf allen hier berührten Gebieten beschreiben, sondern den Fortschritt darstellen; das erstere, sowie die genauesten Zahlennachweise sind Aufgaben des Statistikers.

Weise wurde dieser Erwerbszweig früh schon betrieben, so daß bereits im 14ten Jahrhundert der größte Theil des jetzt angebauten Bodens schon der Kultur gewonnen war. In neuerer Zeit steigerte sich das wieder, und große Strecken Landes auf verschiedenen Seiten des Gemeindebannes sind in den letzten Jahrzehenden urbar gemacht und zu ertragreichen Güterkomplexen umgestaltet worden *). Der Loslauf von Zehnten und Grundzinsen hat diesen Aufschwung der Landwirthschaft hauptsächlich ermöglicht. In Verbindung mit der Ausdehnung der Landwirtschaft stand natürlich die Viehzucht; auch diese hat an Umfang in den letzten Jahrzehenden ungemein zugenommen, so daß z. B. Rorbas 1841 125 Stück Rindvieh und 22 Ziegen zählte; 1866 dagegen 205 Stück Rindvieh und 104 Ziegen. Freienstein und Teufen zusammen zählten 1841 236 Stück Vieh überhaupt, 1866 dagegen 620!

Ein Hauptzweig der Landwirtschaft unserer Gegenden ist der Weinbau. Es läßt sich derselbe bis auf 1300 zurück verfolgen **). Am meisten Ausdehnung nahm derselbe, wie an vielen anderen Orten, um 1570, da große Stücke Bodens mit Reben „eingeschlagen" wurden ***); auch in neuerer Zeit sind an verschiedenen Stellen Reben neu gepflanzt worden. Seit alter Zeit ist die Qualität der hiesigen Weinsorten, als zu den besten gehörig, rühmlichst bekannt. So konnte Gerold Meier in seinem Gemälde des Kantons Zürich schon 1838 bemerken: „Der sogenannte Teufener Strohwein hat den Geschmack eines spanischen, oder ganz mittäglichen Weines, so daß die geübtesten Weinkenner getäuscht zu sein glauben, wenn er ihnen als Zürcher Landwein vorgesetzt wird." Man darf dies heute noch aussprechen: der vortreffliche rothe Wein aus den Reben des Schlosses Teufen darf vollkommen den südfranzösischen Weinen zur Seite gestellt werden, die er an Farbe bisweilen noch übertrifft. Man begreift daher, daß die Preise sehr hoch stehen, und daß der Weinbau eines der Haupterwerbsmittel der Einwohner bildet.

---

*) Ich erinnere an die „Holzrütiplünten", an die neuen Güterkomplexe „im Haard" und gegen Embrach zu.

**) Im Jahre 1318 nämlich schenkte Freiherr Gerhard von Teufen einen „Weingarten" in der Riethalden, wo noch jetzt ausgedehnte „Rebstücke" sich finden.

***) Damals z. B. wurden in der „Holzrüti" und im „Raamenacker" Reben eingeschlagen.

Ja der Weinbau, wie der Landbau überhaupt, bildete früher so ganz den Haupterwerb der Bewohner, daß, wenn der Wein nicht gedieh, oder wenn der Feldertrag vermindert oder vernichtet wurde, allgemeine Geldnoth herrschte und Armut überhand nahm. Einige Beispiele mögen dies veranschaulichen! Klagend zeichnete man es auf, als 1736 und 1738 ein Frost fast alle Rebschosse zerstört hatte, und kaum 2 Trotten geöffnet werden konnten. Auch 1701 und 1715 kam die Gemeinde durch ein Hagelwetter, welches das Getreide und den Rebstock zerschlug, in solche Armut, daß sie die Obrigkeit um Hülfe bitten mußte. Aehnliches geschah 1775, 1791, ganz besonders aber 1831, wo der Schaden in Reben und Feldern mäßig auf 20,605 fl. 20 ß. geschätzt wurde; damals herrschte eine Reihe von Jahren trotz der großen Steuern, welche bereitwilligst von allen Seiten her der Gemeinde zuflossen, Theurung und Armut. In den damaligen amtlichen Berichten wird darüber geklagt, daß die Gemeinde allein nur auf Landwirthschaft und besonders den Weinbau angewiesen sei, da sie so jederzeit in Gefahr stehe, um ihren Unterhalt zu kommen.

Diesem sehr fühlbaren Mangel half nun sogleich die Folgezeit ab, und führte, wie die Berichte aufweisen, etwa mit dem Jahre 1840 eine gänzliche Umwandlung in die Existenzmittel, ja in das gesammte Gemeindeleben überhaupt herbei.

Im Jahre 1835 nämlich kaufte J. Konrad Nägeli, Fabrikant von Uster, den sogenannten „Musterplatz" bei Korbas, und erbaute dort eine kleine Fabrik, wo dann ein großer Theil der Bevölkerung ihren Erwerb suchte. Nach einigen Jahren starb Nägeli und das Etablissement kam an den berühmten Fabrikbesitzer Herrn Oberst Kunz von Uster. Schon unter ihm nahm dasselbe einen bedeutenden Aufschwung, noch viel mehr aber etwa seit dem Jahre 1859 unter seinem Nachfolger Herrn Wunderli in Zürich, der das Etablissement bedeutend erweiterte und zwei große Gebäude für Unterbringung der Menge von fremden Arbeitern und Aufsehern errichten ließ. Etwas später wurde dann die Spinnerei der Herren Imhof, Brunner und Cie. von Winterthur, in noch größerem Stile erbaut. Dieselbe erweiterte sich ungemein: 1854—1860 wurden die Spuhlerei, Schlichterei, zwei mechanische Werkstätten (Dreherei und Schlosserei), ferner eine Schmiede und eine Gießerei erbaut. Das ganze Unternehmen erfreute sich, mit Ausnahme der allgemeinen Stockungen im Fabrikwesen, eines glücklichen Gedeihens. Zu diesen beiden

Fabriken kam dann in neuerer Zeit noch die, wenn auch nicht im Gemeindsbanne selbst, so doch in nächster Nähe des Dorfes errichtete ansehnliche Seidenspinnerei der Herren Sallenbach und Bänninger, in welcher sehr viele Bewohner von Rorbas beschäftigt werden. Weitaus der größte Theil der Bevölkerung findet somit im Fabrik-verdienste seine Existenz.

Man darf so sagen, daß jetzt gewissermaßen das Gleichgewicht hergestellt worden war: wenn der Ertrag des Landbaues gering war, so wurde die Lücke doch einigermaßen durch den Fabrikverdienst ausgefüllt. Man klagt zwar in allen gleichzeitigen Berichten und noch jetzt fast Jahr für Jahr über den übeln moralischen Einfluß der fremden und einheimischen Fabrikbevölkerung; allein Niemand wird doch verkennen können, welche Wohlthat diese Herstellung des Gleichgewichtes für die Gemeinde war, und wenn vorher die ein-seitige Beschäftigung mit dem Landbau, und die deshalb herrschende Verdienstlosigkeit als ein Uebelstand für das Ganze der Gemeinde beklagt wurde, warum sollte man jetzt auch die Hülfe tadeln? Auch wird man, im Vergleiche mit anderen Gemeinden, von den unserigen sagen müssen, daß dieselben auf diese Weise in materieller Hinsicht sehr emporkamen, und nur so den Bedürfnissen des modernen Lebens möglichst allseitig genügen konnten.

Die Umwandlung der Gemeinde in einen Fabrikort zog natür-lich eine beträchtliche Zunahme der Bevölkerung nach sich. In welcher Weise dieselbe vor sich gieng, mögen folgende Zahlen zeigen. 1634 betrug die Gesammtzahl der Einwohner von Rorbas, Freien-stein und Teufen nur 688; 1730 schon 1250; 1836 : 1424; 1850 : 1960; 1860 : 2213.

Das Anwachsen der Bevölkerung bewirkte auch die Steigerung anderer Erwerbszweige. Man findet zwar schon seit Jahrhunderten fast alle Handwerksarten hier vertreten: Schuster, Schneider, Wag-ner, Zimmerleute, Maurer, Küfer, Schmiede, Müller, Fischer, Gabelmacher, Färber, Viehärzte, Schärer, Bader finden sich im 16ten und 17ten Jahrhundert; auch ist wirklich z. B. die Zahl der Mühlen und Schmieden dieselbe geblieben, wie im 16ten Jahr-hundert. Allein abgesehen davon, daß bei diesen Gewerben eben hauptsächlich der innere Werth, der Umfang und die Produktions-kraft sich steigerten, finden sich doch auch Erwerbszweige, welche, entsprechend dem Zuwachse der Bevölkerung, sich mehrten. So war z. B. seit alter Zeit nur eine einzige „Metzg“ hier zu Rorbas;

in neuerer Zeit wurde eine zweite, ja eine dritte errichtet, und 1857 erhielt auch Freienstein eine Metzgrechtsurkunde, und bald eine Metzg. Im 16ten und 17ten Jahrhundert ferner besaß die Gemeinde nur ein Hauptwirthshaus; im 19ten kam ein neues hinzu. Jetzt haben sich die „Wirthshäuser" bedeutend gemehrt, so daß in der ganzen Kirchgemeinde zwölf sich finden! Dann nahm auch das Schreiner- und Schlossergewerbe an Bedeutung zu. Am meisten aber schwang sich der Handel empor. Man findet in früherer Zeit wohl einzelne „Krämer", aber dieselben waren auf den kleinsten Fuß gestellt, den man sich denken kann. Dagegen haben nun in neuerer Zeit sogar zwei „Konsumvereine" guten Vertrieb ihrer Waaren gefunden: ebenso sind Spezereihandlungen den neuen und gesteigerten Bedürf- nissen gemäß erweitert, Ellenwaaren-, Mode- und Glaswaaren- handlungen errichtet worden, welche sich bestreben, den Anforderungen des modernen Lebens allseitig gerecht zu werden.

Der gesteigerten Thätigkeit entsprechend war auch das ökono- mische Wachsthum der Gemeinde. Wir haben dasselbe schon bei dem Loskaufe der Zehnten- und Grundzinse hervorheben müssen, da in kurzer Zeit die Gemeindsbürger die beträchtlichen Kapitalbe- träge abzuzahlen vermochten. Man mag als weiteren Beweis dafür auch die angestrengte Thätigkeit für Verschönerung der öffentlichen Gebäude zählen, woran die Gemeinde von der Regierung und Privaten allerdings beträchtliche Unterstützung erhielt. Schon 1829 hat die Gemeinde Korbas um die Kosten von 599 fl. 12 ß. über das ganze ältere Schulgebäude hin ein schönes, heiteres und ge- räumiges Zimmer aufgeführt. Als auch dieses nicht mehr genügte, wurde 1862 ein neues Stockwerk aufgeführt; die Kosten betrugen 6255 Fr. 93 Rp., woran die Gemeinde 700 Fr. von den Herren Wunderli-Zollinger, Fabrikbesitzer, erhielt. Die Gemeinde Freien- stein baute 1833 und 1834 für 5000 fl. ein ganz neues Schul- haus; ebenso Teufen im nämlichen Jahre um 4725 fl.; 1861 und 1862 hat Teufen sein Schulgebäude um ein Stockwerk erhöht. Nicht alle diese erwähnten Schulbauten jedoch sind nach dem gleichen Maßstabe zu beurtheilen. Man muß dabei bedenken, daß der Schul- fond zu Freienstein erst 1831 *), und derjenige zu Teufen 1828 gegründet wurde, daß beide einen sehr kümmerlichen Anfang nahmen

---

*) Durch die Anregung von Heinrich Fritschi zur Weißhaldenmühle, der 20 fl. als Anfang der Stiftung bestimmte.

und stets hinter demjenigen zu Rorbas zurückblieben *). Rorbas
stand in dieser Hinsicht viel besser, so daß es 1825 seine Schule
zu einer Freischule erheben konnte, indem es den Ueberschuß vom
Erlöse des jährlich erkauften Zehntens und des Steinbruches kapitali-
sirte und aus den Zinsen den Lehrer besoldete. Damals betrug
die Summe 3200 fl. — In den letzten Jahrzehenden nahm man
auch die Verschönerung der Kirche energisch in Angriff. Schon
längst hatte eine bedeutende Reparatur nicht stattgefunden oder nicht
stattfinden können, weil man stets die Kosten scheuen mußte; schon
1829 fand Pfarrer Nabholz eine Vergrößerung der Emporkirche
für nöthig, mußte aber eben wegen der Kosten davon wieder absehen; 1831 erkannte er die Nothwendigkeit einer Erweiterung des
Kirchhofes; allein auch dies konnte wegen der Kosten nicht ausgeführt werden; kurz, an eine Anstrengung in dieser Hinsicht konnte
man gar nicht denken. In der Folgezeit nun kam's anders. Zunächst
wurde 1846 und 1847 das Innere der Kirche restaurirt: Damals
wurden die jetzt noch bestehenden Gypswände und Gypsdecken mit
ihren Verzierungen erstellt (um 345 fl.). Besonders belehrend für
unsere Betrachtung des allmähligen Fortschrittes in Hinsicht auf
materielle Anstrengung ist aber die Erweiterung des Kirchhofes und
des Begräbnißplatzes. Wir haben gesehen, wie man 1831 noch
nicht an die Durchführung denken konnte. 1836 forderte Bezirksarzt
Müller von Eglisau die Gemeinde zu diesem Schritte auf, ebenso
1838 das Statthalteramt; allein der Ankauf des betreffenden Landes
schien dem Stillstande zu große Opfer zu erfordern, als daß man
es hätte wagen können; auch die Gemeinde selbst eiferte dagegen
und viele schalten das Projekt als „Unsinn". Wiederholte Befehle
kamen und immer wurde die Angelegenheit unter allerlei Vorwänden
aufgeschoben. Endlich im Jahre 1858 waren alle Vorurtheile verschwunden; man faßte einen freien Entschluß, wählte eine Kommission, diese stellte den definitiven Antrag auf Erweiterung des
Begräbnißplatzes, gemäß der wachsenden Bevölkerungszahl; ja sie
konnte sogar eine Erweiterung und Verbesserung der Kirche selbst
in Aussicht nehmen. Einmüthig genehmigte am 20. Februar 1859
die Kirchgemeindsversammlung die Anträge und Pläne der Kom-

---

*) So daß z. B. 1840 der Schulfond zu Rorbas 2658 fl. 29 k.
6 Hlr. betrug, derjenige zu Freienstein 407 fl. 1 Hlr. und derjenige zu
Teufen nur 178 fl. 26 k. 4 Hlr.

mission, welche Herr Kantonsrath Brunner von Winterthur, Besitzer der Fabrik, recht eigentlich geschaffen hatte *). Es wurden frei= willige Beiträge gesammelt (worunter eine Schenkung von 1000 Fr. von Seiten der Erben des Herrn Kunz, Fabrikbesitzers zu nennen ist), und sogleich begann man auch mit der äußeren Re= paratur der Kirche und im folgenden Jahre 1860 mit der gründlichen Umgestaltung des Innern derselben und der Erweiterung des Be= gräbnißplatzes. Dieses ganze Unternehmen kam auf 10,080 Fr. 51 Rp. zu stehen. Seine Bedeutung erinnert gewissermaßen an den Bau der Kirche von 1586 **). Beide Unternehmen bezeichnen einen bedeutenden Wendepunkt auch in geistiger Hinsicht; denn wie 1829 über die „Unkirchlichkeit" der Bevölkerung geklagt wird, zufolge welcher der vorhandene Raum nicht einmal ausgefüllt würde, so war dies auch 1556 geschehen: beide Male hatte dann diese Gesinnung der Bevölkerung in genau dreißig Jahren in's Gegentheil sich ver= ändert. Es stellt sich diesen Unternehmungen als ähnlich an die Seite die Anschaffung der neuen Glocken vom Jahre 1843. Auch diese Angelegenheit hatte sich längst als nothwendig erwiesen, da die Glocken so alt ***), klein und unharmonisch waren; allein man hielt stets die Opfer für zu groß. Da ergriff im April 1843 der Stillstand die Initiative; schnell war dann eine für die Gemeinde damals nicht unbedeutende Summe von 1000 fl. freiwilliger Bei= träge beisammen; die Gemeindsbehörden boten willig die Hand und die Gemeinde selbst billigte das Vorgehen. So wurden dann die alten Glocken umgegossen, um eine dritte große, 15 Zentner 54 Pfund schwere Glocke vermehrt durch Glockengießer T. Bodmer von Neftenbach.

Alle diese Unternehmungen, denen noch mehrere andere ähnlicher Art beigefügt werden könnten, beweisen genügend den ökonomischen Aufschwung der Gemeinden als Ganzes. Derselbe machte sich mehr und mehr auch bei den Einzelnen geltend: namentlich beweisen die bequemen neuen Bauernhäuser und Scheunen, welche in allen drei

---

*) Er machte darauf aufmerksam, daß die Anhöhe neben der Kirche zunächst um dieselbe erniedrigt werden müsse; er ließ aus eigenen Kosten die Pläne anschaffen und die Vermessungen vornehmen, ebenso die schöne Umfriedung des Kirchhofes aus Eichenholz errichten.

**) Siehe oben Abschnitt III. Kap. I. § 1 S. 51, 52.

***) Die eine stammte von 1456, die andere von 1520 her. Zusammen hatten sie ein Gewicht von 1104 Pfund.

Gemeinden in den letzten Zeiten errichtet worden sind, den Wohl=
stand eines großen Theiles der Bewohner. —

Bei dieser gesteigerten Thätigkeit, ferner besonders der Menge
und Verschiedenheit der Produkte und Bedürfnisse der Fabriken
wie der zahlreichen Bevölkerung mußte sich auch der Verkehr lebhaft
heben.

Wie es damit in den zwanziger Jahren noch stand, davon
macht man sich jetzt kaum einen Begriff. Hauptstraße war diejenige
nach Zurzach, die an den Messen daselbst stark begangen und be=
fahren wurde, so daß man schon seit dem Beginne des 16ten Jahr=
hunderts einen Zoll auf das Passiren derselben gelegt hatte. Diese
Straße jedoch war nichts weniger als bequem, sie führte in über=
mäßig schiefer Ebene über die Haarbrüti herab in das Dorf und
dann wieder die jähe Brunnensteig hinauf; auch war sie an vielen
Orten in elendem Zustande. Aehnlich stand es mit der Straße
um den Irchel herum: noch 1842 wird sie als ganz erbärmlich
geschildert, in der Weise, daß trotz aller Sorgfalt Unglücksfälle
nicht verhindert werden können.

Mit dem Momente nun, da unsere Kirchgemeinde sich in
einen Fabrikort umzuwandeln begann, kam's auch in dieser Hinsicht
anders. 1840 wurde die Straße nach Eglisau (Zurzach) unter
endloser Mühe *) in möglichst gerader, ebener Form neu errichtet,
und in Verbindung damit die hübsche steinerne Brücke unterhalb
des Haardes. 1848 wurde unter Leitung des Staates mit großer
Anstrengung **) die sehr hübsche und bequeme Landstraße um den
Irchel herum neu gebaut; 1850 auf Rechnung des Staates die
Straßenstrecke gegen Pfungen (Winterthur).

Bei diesem besseren Stande der Verbindungsstraßen einerseits,
und der Erweiterung des brieflichen Verkehr anderseits, konnte auch
an die Errichtung von Postverbindungen gedacht werden, und so
besteht seit etwa fünfzehn Jahren eine solche mit Winterthur und
mit Eglisau, und seit einigen Jahren mit Oerlikon (Zürich). Auch

---

*) Zahlreiche Erdschlipfe hinderten die Arbeit, bis man Mauern von
5—7 Fuß als Strebepfeiler dem Abhange entgegen stellte und den kleinsten
Wasserfaden ableitete. Die Verbindung zwischen dem Rheinsberge und
Tättenberge mußte durchbrochen werden. Die Kirchgemeinde bekam 799 fl.
Kosten.

**) Ueber den „Tilssenbach" mußte ein hoher Damm aufgeführt und
um den Irchel herum mehrere Hügel durchstochen werden.

die Errichtung eines Telegraphenbüreaus, die sich als nothwendig erwies, gelang in letzter Zeit mit Hülfe der hiesigen Fabrikherren, und endlich wird es vielleicht nicht mehr so lange dauern, bis unsere Gemeinde eine Station für die planirte Eisenbahn von Winterthur nach Weiach, die von Vielen schon lange gewünscht wurde, bilden wird.

Diese Resultate erzeugte die historische Entwickelung unseres Jahrhunderts auf dem Gebiete der materiellen Thätigkeit.

Aber auch das innere Leben der Bewohner steigerte sich, dem Aeußeren entsprechend.

2. Aufschwung des sittlich-geistigen Lebens.

Mußten wir früher die Thatsache konstatiren, daß das religiöse Leben der Gemeinde keineswegs den Anforderungen entsprach, welche seit der Reformation erhoben worden waren, und mußten wir die völlige Erstarrung desselben nur bedauern, so stehen uns dagegen für die erste Hälfte unseres Jahrhunderts Berichte zu Gebote, welche freudig die allmähliche Erhebung des religiösen und sittlichen Lebens bezeugen.

Es gebe, sagt der erste amtliche Visitationsbericht von 1843, viele Landleute, welche einen ernsten religiösen Sinn bewähren, und sittliche Strenge beobachten; die Sonntagsfeier sei würdig; während des Gottesdienstes am Morgen herrsche stets Stille im Dorfe. Der Morgengottesdienst werde besonders fleißig besucht: die Kirche sei in der Regel ganz angefüllt: bei feierlichen Anlässen sei zu wenig Platz da. Ja selbst in die „Kinderlehre" kommen noch Erwachsene, so daß dieselbe zu einer Art Nachmittagsgottesdienst sich umgestalte. Es zeigt dieser Bericht vollkommen den Fortschritt, der nur schon seit einem Jahrzehend eingetreten; indem noch 1829 Pfarrer Rabholz klagt: „Wenn nur der vorhandene Raum in der Kirche ausgefüllt würde; aber dazu ist bei der Unkirchlichkeit eines großen Theiles des Volkes keine Hoffnung vorhanden". Wir haben gesehen, wie in dieser Hinsicht der Kirchenbau von 1859 und 1860 als ein epochemachendes Ereigniß zu betrachten ist. — Mit Bezug auf die Seelsorge sagt Pfarrer Eduard Dändliker in dem betreffenden Berichte von 1843, er freue sich, in einer Gemeinde zu leben, wo man den Geistlichen noch in seiner Einwirkung auf die Einzelnen belasse und in wichtigen Fällen ihn zu Rathe ziehe. Auch

1843 und in den folgenden Jahren wird das Verhältniß des Geistlichen zur Gemeinde, und dieser zu jenem als ein freundliches, auf gegenseitigem Vertrauen beruhendes, ja patriarchalisches, gerühmt. 1854 wird berichtet, der religiöse Zustand der Gemeinde sei ein sehr erfreulicher; es herrsche allgemeines Bedürfniß nach Erbauung, und demgemäß eifrigste Theilnahme am Gottesdienste, welch' letzterer durch den besonders erhebenden Gesang der Gemeinde verschönert werde. Nicht nur der regelmäßige Gottesdienst, sondern auch die Wochenpredigten, würden eifrig besucht, und ebenso auch die Missionspredigten. Bezüglich die Letzteren ist zu bemerken, daß unsere Gemeinde die erste im Kanton Zürich war *), welche sich durch das Beispiel der Stadt Zürich anregen ließ, mit der Ausbreitung des Christenthums sowohl durch geistige Theilnahme, als auch durch thatsächliche Unterstützung in Verbindung zu treten. Ueber die Sekten, von welchen damals besonders die „Neutäufer" bei uns um sich griffen, wird in diesen früheren Jahrzehenden gar nie geklagt; im Gegentheile z. B. der „stille", mit Liebe an der Kirche hangende Sinn der „Brüdergemeinde" (Herrenhuter) gerühmt. Dem religiösen Sinne entsprechend besserte sich auch, wie die Berichte ausdrücklich sagen, das häusliche Leben, und bildete sich so ein Gegengewicht gegen den übeln Einfluß der fremden Fabrikarbeiter, der stets betont wird. —

Dieser Art des religiösen Lebens entsprach nun auch der Charakter des politischen Verhaltens; wie man sehen wird, sehr wesentlich durch den Einfluß eben des kirchlichen Lebens. Als Beispiele **) mögen folgende dienen:

Als im Jahre 1816 ein Gesetz ergieng, daß die Gemeindraths= wahlen erneuert und die Gemeinderäthe beeidiget werden sollten, wurde auf den 28. Juli, Sonntag Nachmittags die gesammte Bürgerschaft zur Kirche berufen. Die Vorsteher sammelten sich im Pfarrhause und zogen mit dem Geistlichen zur Kirche. Die zu beeidigenden Beamten und die schon beeidigten setzten sich je zu beiden Seiten der Kanzel. Dann wurden die zwei ersten Stücke des 15. Psalms gesungen und der Geistliche hielt eine Rede. Sodann

---

*) Dies hebt z. B. Gerold Meier in seinem „Gemälde des Kantons Zürich" (Bd. II. S. 117.) hervor.

**) Ich bemerke ausdrücklich hier, daß ich die Beispiele über das politische Verhalten nicht über das Jahr 1848 hinausdehne; denn Vieles muß von da an erst später beurtheilt werden.

wurden beim Taufsteine die Gewählten in Eid und Pflicht ge=
nommen. Endlich hielt der Geistliche noch eine Ermahnungsrede,
und die Gemeinde sang den Schluß des 15. Psalms. „Alles
ging in bester Ordnung und Stille, sagt die betreffende Auf=
zeichnung, und die Feierlichkeit machte Eindruck".

Aehnlichen Charakter zeigt die Neuwahl der Groß=Rathsmit=
glieder im Dezember 1830. Am Sonntage vorher hielt Pfarrer
Nabholz eine ernste Predigt, worin er der Gemeinde zeigte, worauf
sie bei der so wichtigen Wahl zu sehen habe. Nach dem Gottes=
dienste versammelte er noch besonders die Vorsteher der Gemeinde
und bat sie, das Volk zu Ruhe, Frieden und Ordnung zu mahnen,
dem Volke den Ernst dieser Wahl zu zeigen und demselben an's
Herz zu legen, wie von ihm Sicherheit und Erhaltung des Vater=
landes abhänge. „Gott sei Dank", konnte er selbst freudig sagen,
„bis jetzt wurde, troß aller Reizungen von außen, Frieden und
Ruhe in der Gemeinde erhalten!"

Mit der gottesdienstlichen Feier, mit Gesang der Gemeinde,
und einer bezüglichen Ansprache des Geistlichen, wurde ebenso die
Eidesleistung auf die neue Staatsverfassung von 1831 verbunden. —

Diesen Charakter der Ruhe und Mäßigung, der uns besonders
1816 und 1830 ausdrücklich bezeugt wird, in Verbindung mit der
strengen religiösen Ueberzeugung der Gemeinde, veranschaulicht uns
am Deutlichsten das Verhalten der Gemeinde in der Bewegung
von 1839. Man hat sich dabei zu erinnern, daß es nicht bloß
die Verletzung der religiösen Ueberzeugung des größten Theiles
der Kantonsbürger durch die Berufung von Dr. Strauß als Pro=
fessor der Theologie nach Zürich gewesen ist, welche den Sturm
hervorrief, sondern auch eine damit in Verbindung stehende Auf=
regung politischer Art.

Am 6. September 1839 zeigte der Gemeindspräsident von
Kloten unserer Gemeinde an, daß „Unruhe und Revolution in der
Stadt sei". Dazu fügte er eine Nachschrift mit den Worten:
„Die Sache ist losgebrochen, lassen Sie Leute aufrufen, so Viele
Sie können: es thut Hülfe noth: lassen Sie allenthalben stürmen!"
Allein anstatt durch diese Aufregungsnachricht sich in Sturm bringen
zu lassen, wurde vielmehr in völliger Ruhe beschlossen, es sollten
keine Leute nach Zürich gehen, ausgenommen Freiwillige; alsbann
wollte man am 7. September durch zwei amtliche Abgeordnete sich
über den Sachverhalt unterrichten lassen. Endlich wurde beschlossen,

über diese unruhigen Zeiten eine Bürgerwache zu errichten — was in gleicher Weise Freienstein später in der Kriegszeit von 1847 that. Dann thaten vom kirchlichen Standpunkte aus der Geistliche und die Vorsteherschaft Schritte, indem sie in einer öffentlichen Erklärung an die Regierung „das eigene Gewissen befriedigten". Mit Bezugnahme auf die helvetische Konfession, den evangelisch= reformirten Lehrbegriff, sowie auf die bestehende Staatsverfassung, welche nur den letzteren als Landesreligion anerkenne, werden dem Regierungsrathe „Stimmen aus dem Volke" vorgehalten, um ihn zu bewegen, die „das christliche Gefühl in seinen innersten Tiefen aufregende Berufung" von Dr. Strauß abzuwenden. — Der Aus= gang dieser Bewegung ist bekannt.

Sonst war die Gemeinde dem politischen Fortschritte der Zeit keineswegs etwa abgeneigt, wie sie denn gerade die das schweizerische Gemeinwesen so freisinnig umgestaltende Bundesverfassung von 1848 ganz einstimmig genehmigte. —

Der Haltung des Geistes der Gemeinde in kirchlich=religiöser wie in politischer Hinsicht entsprach auch ein allmählicher Auf= schwung des Schulwesens, jedoch rang sich dieses, so viel ich sehe, nach der langen Erstarrung, viel schwerer und langsamer durch.

Seit etwa 1770 ist, wie überall damals, auch bei uns eine allmähliche Hebung des Erziehungswesens bemerkbar; damals nahm der Stillstand, die Vorsteherschaft der Gemeinde, den Besuch der Schule und deren Organisation thätig an die Hand. Besonders aber seitdem 1806 eine besondere „Schulpflege" erwählt worden war, konnte die Schule eines bessern Gedeihens sich erfreuen. Schon im folgenden Jahre 1807 ergriff Statthalter Dr. Ganz *) die Initiative, es möchte in unseren Schulen die neu aufgekommene, so nutzbare Lehrart eingeführt werden, und es sollten die alten Lehrer an dem neuen Schulinstitute (der „Kreisschule") Theil nehmen. Da nun Letzteres wegen zu hohen Alters der Lehrer nicht geschehen konnte, wurde ein Schuladjunkt gewählt (Konrad

---

*) Es mag am Platze sein, hier zu bemerken, daß Herr Statthalter Dr. Ganz (geb. 1764, gest. 1810), dessen Wirken für die Einverleibung der Gemeinden Freienstein und Teufen in den Bezirk Bülach wir oben schon erwähnt haben, und der außer der bemerkten Anregung zur Neugestaltung der Schule auch für den Bau des Schulhauses Korbas von 1809 gewirkt hat, sich zugleich auch als Arzt berühmt gemacht und einer weiten Praxis sich erfreut hat.

Lienhart von Rorbas), der nach der neuen Methode lehrte. 1812 wurde in Rorbas und Freienstein die Schulzeit, die vorher sich auf kaum einige halbe Tage der Woche beschränkte, bedeutend ausgedehnt. Seit 1813 kam dann ein reges und strebsames Leben in die Schule durch den allgemein geachteten, überaus thätigen Schulmeister J. Pfister, über welchen noch mehr zu sagen sein wird. Bisher war es Uebung, nur alle halben Tage der Woche Schule zu halten: jetzt führte Pfister eine Nebenschule am Nachmittage ein, an welcher selbst Kinder aus anderen Gemeinden Theil nahmen.

Indes konnten diese Anfänge sich nicht so leicht fortsetzen. Es fanden, wie man sieht, nur Anstrengungen Einzelner und der Behörden statt; es fehlte die durchgreifende, beständige Anleitung von Oben herab, von den Schulbehörden des Kantons. Zudem lagen Schwierigkeiten darin, daß die Masse der älteren Leute, die noch ganz ohne Bildung waren, durchaus Nichts von einer Aenderung im Schulwesen hören mochten; entstand doch 1829 allgemeiner Unwille, und sogar Unruhe zu Freienstein und Teufen gegen Pfarrer und Vorsteher bei Einführung neuer Schulbücher. Da konnte noch viel weniger von Erneuerung der Schullokale die Rede sein, welche, wie der amtliche Bericht sagt, doch alle Eigenschaften besaßen, durch welche der Unterricht gehemmt werde. Nur Rorbas, welches einen ansehnlichen Schulfond besaß, konnte in dieser Hinsicht einschreiten und hatte auch den Willen dazu; Freienstein und Teufen dagegen, die „keinen Pfennig von Schulfond" besaßen, nicht. Da zudem die Bildung der Lehrer noch immer auf einer sehr niedrigen Stufe stand, war auch der Umfang der Lehrgegenstände sehr gering: es wird über Mangelhaftigkeit selbst der wenigen Fächer (Schreiben, Rechnen, Singen) geklagt.

In dieser Lage verdankte man der Verbesserung und Neuordnung des gesammten Schulwesens im Kantone, wie dieselbe im Zusammenhange mit der Erneuerung auch des staatlichen Lebens, 1832, erfolgte *), auch bei uns den Antrieb zu allmählicher geistiger Erweckung. Sie knüpften sich hier insbesondere an Pfarrer Rabholz, der, wie kaum Einer, sich die Verbesserung des Schul-

---

*) Es möge mir gestattet sein, weitere Kreise hier auf ein Schriftchen von Professor Dr. M. Büdinger („Von den Anfängen des Schulzwanges", Festrede zur Feier des Stiftungstages der Hochschule; Zürich bei Orell, Füssli und Cie. 1865) hinzuweisen, woselbst S. 1, 2 und S. 57 der Zusammenhang mit der staatlichen Erneuerung gewürdigt wird.

und Erziehungswesens, und, im Zusammenhange damit, des ge=
sammten bürgerlichen Lebens *), recht im Geiste der Verordnung,
welche zu dieser allgemeinen Erhebung den Impuls gegeben hat **),
zur Pflicht machte. Eben Pfarrer Nabholz erkannte aber auch,
welche bedeutende Schwierigkeiten noch immer im Wege stunden:
er klagt über den geringen Sinn der Leute für Schulbildung,
über die Hemmnisse, welche in der großen Schülerzahl im Verhält=
nisse zu den ganz ungenügenden schlechten Lokalen, sowie in der
mangelhaften Lehrerbildung liegen. Indes konnte er doch mehr
und mehr einen erfreulichen Fortschritt beobachten: er bemerkt
schon 1832, die Schule Teufen leiste mit natürlichen Anlagen und
lebendigem Geiste mehr, als man erwarte; es sei diese Schule die
lebendigste und stillste. 1833 berichtet er, der Lehrer zu Freien=
stein zeige nun Eifer, wie das Examen bewiesen habe; auch die
Disciplin sei gut. Die Schule Teufen, fügt er hinzu, stelle ein
Muster von Disciplin dar; der Lehrer daselbst sei lebendig und
habe natürliche Anlagen; seine Schüler zeichnen sich in allen
Theilen vor denjenigen zu Freienstein und Rorbas aus. Seit
1834 wird von seinem Nachfolger eine bedeutende Besserung auch
der Schulen Freienstein und Rorbas bezeugt. Die letztere konnte
um so mehr sich etwas erheben, als sie im Februar 1835 getheilt,
und eine zweite Lehrstelle errichtet, und sodann seit 1836, wie
heutzutage, Vor= und Nachmittags Unterricht ertheilt wurde. In
der Folge jedoch zeigten sich einige Rückfälle, indem alle drei
Schulen, besonders Rorbas seit 1836, Teufen von 1834—1840
beständigem Lehrerwechsel unterworfen waren, was sehr nachtheilig
wirken mußte. Aber diese vorübergehenden Störungen konnten
dennoch die freie Entwickelung nicht hemmen, die unter Pfarrer
Nabholz ihren Anfang genommen, zu Teufen begründet, und zu
Rorbas und Freienstein erfaßt worden war; wird doch schon im
Berichte von 1840 der Stand aller drei Schulen als ein erfreu=
licher, und in demjenigen von 1850 nach neuen Störungen durch
Lehrerwechsel als ein ganz befriedigender bezeichnet. — Neben der

---

*) Man sehe oben S. 97 bei der Wahl der Großrathsmitglieder
von 1830.
**) Das Gesetz weist der Volksschule die Bestimmung zu: „Die Kinder
aller Volksklassen nach übereinstimmenden Grundsätzen zu geistig thätigen,
bürgerlich brauchbaren und sittlich religiösen Menschen zu bilden." Büdinger
a. a. O. S. 21.

regelmäßigen Schule bestand auch seit 1838 eine weibliche Arbeits=
schule, errichtet durch einen Verein gemeinnütziger Männer, welche
Geldbeiträge zusammen legten und sammelten. Der Besuch aus
der ganzen Kirchgemeinde war ein freiwilliger, und es wurden
nicht nur armen Schülerinnen das Schulgeld erlassen, sondern
auch noch Stoffe angeschafft. In den vierziger Jahren bildete
sich ein Frauenverein, der sich die Hebung dieser Arbeitsschule zur
Aufgabe machte. 1850 wurden auf Anregung von Pfarrer Eduard
Dändliker Frauenverein und Arbeitsschule erneuert. Der größte
Aufschwung der letzteren trat aber 1865 durch die sogenannte
„Barbarastiftung" des Herrn Dr. Ganz ein, welcher ein Kapital
von 2500 Fr. anlegte, um die Anschaffung von genügendem Ar=
beitsmaterial und die Ausrüstung eines Christbaumes am Barbara=
tage zu ermöglichen. — Ebenso besteht seit 1864 eine Fortbildungs=
oder Handwerksschule, welche erwachsenen Jünglingen die Möglichkeit
weiterer Ausbildung im Rechnen, Buchhaltung, Aufsätzen, Zeichnen
und Französischen verschaffen soll. Seit 1865 kommt dazu eine
vom Lehrer besorgte Jugendbibliothek. —

Schon die Errichtung und Weiterbildung der Arbeitsschule
mag zugleich ein Beweis sein für das Vorhandensein eines gemein=
nützigen Sinnes, der durch eigene Aufopferung im Einzelnen die
vorhandenen Lücken zu ersetzen suchte. Neben diese Thatsachen
stellen sich nun noch andere ähnlicher Art auf dem Gebiete der
Sorge für die Armen.

Vor dem Jahre 1812 wies die Gemeinde Rorbas ihren
Armen Land zur Pflanzung von Erdäpfeln an, und erhob eine
Erdäpfelsteuer für dieselben. Aehnlich überließ 1833 die Gemeinde
Freienstein ihren Armen das Land „in der Riberggerten" unent=
geltlich zur Anpflanzung. Die Gemeinde Teufen baute 1815 den
armen Bürgern eine Wohnung; ebenso überließ Freienstein 1834
das alte Schulhaus den Armen der Gemeinde. Beide Anstalten
leisteten anfänglich gute Dienste, mußten aber allerdings später
(diejenige zu Teufen 1839; die zu Freienstein 1845) um moralischer
Uebelstände willen aufgehoben werden. Das Armengut der Kirch=
gemeinde war gering, und konnte bei der Menge der Armen und
der Vielseitigkeit der Unterstützungen, nicht immer genügen, und
so kam denn oft theils Privatwohlthätigkeit, theils auch Beihülfe
von Außen in verdankenswerther Weise entgegen. So schenkte
z. B. 1803 Hs. Ulrich Fritschi von Freienstein den zehnten Theil

seines Vermögens mit Resignation auf sein Landrecht und Bürgerrecht den Armen der Gemeinde; nämlich 372 Pfund. 1809 bestimmte Seckelmeister Fritschi's Frau dem Armengute 100 Pfd.;
ihr Mann 1811 60 Pfd.; 1858 Seckelmeister K. Landert von
Norbas 233 Fr. 33 Rp. (und eben so viel dem Kirchen- und dem
Schulgute). Auch fremden Personen (in neuerer Zeit namentlich
den Fabrikherren der Gemeinde), die zu der Gemeinde in irgend
welcher Beziehung standen, sowie Korporationen (wie das Almosenamt und das Stift Großmünster zu Zürich), hat, um es doch zu er-
wähnen *), die Gemeinde bedeutende Schenkungen zu gemeinnützigen
Zwecken zu verdanken. Umgekehrt war die Gemeinde oft bereit,
wo es noth that, liebend Gemeinden und Beschädigten des engern
und weitern Vaterlandes Hülfe zu leisten. Einige der wichtigeren
Thatsachen mögen hier Platz finden: 1787 den Brandbeschädigten
zu Bauma 66 Pfd. 13 ß.; 1789 den Wasserbeschädigten ebendaselbst 48 Pfd. 10 ß; im Jahre 1798 allein wurden folgende
Steuern zusammengelegt: den Wetterbeschädigten verschiedener
Kantone 42 Pfd. 13 ß.; den Kriegsbeschädigten zu Stans 53
Pfd. 7 ß. 2 Hlr.; den Brandbeschädigten zu Ins, Kantons
Bern 32 Pfd. 4 ß. 3 Hlr.; 1810 den Brandbeschädigten zu
Schöpfen, Pfr. Stadel „die schöne Steuer" von 71 fl. 28 ß.,
wozu Pfarrer Holzhalb bemerkt, der Beweis von Wohlthätigkeit
von Seiten der Gemeinde verdiene besonders hervorgehoben zu
werden. — 1820 den Wetterbeschädigten zu Eglisau und Glattfelden
293 Vtl. 3 Vlg. verschiedener Früchte und 6 fl. 16 ß.; 1841
den Wetterbeschädigten der Bezirke Meilen und Hinweil 94 fl.
24 ß.; 1855 den Einwohnern von Wallisellen und des Rhein-
thales 255 Fr. 95 Rp.; 1858 an den Bau der evangelischen
Kirche zu Luzern 106 Fr. 50 Rp.; 1861 nach Glarus 752 Fr.

---

*) Es gehören diese Dinge zwar nicht hieher, weil die Schenkungen
nicht aus der Gemeinde selbst kamen; aber sie verdienen doch bemerkt zu
werden. Einzelne Beispiele: 1780 hat Examinator Hottinger in Zürich,
1809 seine Schwester, der Gemeinde 200 Pfd. geschenkt, weil ihr Vater früher
Pfarrer zu Norbas gewesen war; 1818 schenkte Pfarrer Holzhalb 100 Pfd.;
1844 Frau Augusta Magdalena Centurier, Wittwe des Herrn Dr. Statthalter Ganz 200 fl. u. s. f. Das Stift Zürich schenkte z. B. 1814 10 Mütt
Kernen, 1815 18 M. K., 1817 18 M. K. Das Almosenamt bestimmte fast
Jahr für Jahr Geldsendungen zur Anschaffung von Kleidungsstücken, Nah-
rungsmitteln und Büchern.

75 Rp. Auch der protestantische Hülfsverein findet seit 1845, wo die Vorsteherschaft für denselben zu sammeln beschloß, hier bereite Mitwirkung.

Hier ist auch in Kürze eines Institutes zu gedenken, das zwar nicht durch die eigene Thätigkeit der Gemeinde entstand und insofern streng genommen nicht zur Geschichte derselben gehört, das aber doch nicht am wenigsten dem freundlichen Entgegenkommen derselben seine Existenz verdankt; ich meine die Rettungsanstalt Freienstein. Im Jahre 1837 — zu dem Zwecke, arme verwahrloste Kinder beiderlei Geschlechts körperlich und geistig „in christlich-religiösem Sinne" zu erziehen, bis sie sich selbständig erhalten könnten, — gestiftet durch Baron Friedrich von Sulzer-Wart wuchs diese Anstalt schnell auf erfreuliche Weise *) unter dem Beistande ihrer Gönner in Zürich und Winterthur, welche dieselbe durch Opfer unterstützten. Die jährliche Stiftungsfeier, zu welcher sich bei zwei Tausenden aus dem ganzen Kanton zu einem eigentlichen Landfeste sammeln, trug dazu bei, die Anstalt stets in enger Beziehung zum Volke zu erhalten. Von 1839 bis 1864 sind derselben 29,590 Fr. 49 Rp. an Liebesgaben zugeflossen. Die Anstalt und ihre Landwirthschaft konnte so bedeutend erweitert werden, und mancher schöne Erfolg krönte ihre Bestrebungen

Blicken wir nun zurück auf diese Entwickelung des sittlichen und geistigen Lebens auf dem Gebiete der Kirche, des bürgerlichen Lebens, der Schule und des gemeinnützigen Strebens in der Neuzeit, so muß man sich fragen, was für Kräfte denn vornehmlich diesen Aufschwung haben herbei führen können.

Die Frage hat schon in verschiedenen Beispielen thatsächlich ihre Beantwortung gefunden. Neben den Verordnungen der Obrigkeit und dem anregenden Beispiele anderer Gemeinden, sowie neben dem besonders seit den dreißiger Jahren mehr und mehr reifenden Geiste des Volkes selbst, ist es die Thätigkeit der Behörden, der Geistlichen, der Vorsteherschaft und der Lehrer der Gemeinde, denen diese Früchte hauptsächlich zu verdanken sind. Wir betrachten nun diese letztere in ihrem Gesammtzusammenhange.

Zunächst hat Pfarrer Jakob Christoph Hartmann (1773—1802)

---

*) Das Einzelne findet man in der Geschichte dieser Anstalt im Neujahrsblatte der zürcherischen Hülfsgesellschaft vom Jahre 1863.

eine Thätigkeit entfaltet, wie sie dem erneuten Geiste jener Zeit entsprechend war. Nach langer Erstarrung erweckte er die Vor= steherschaft der Gemeinde wieder zu eifriger Pflege des sittlichen und kirchlichen Lebens und besonders der Schule: mit ihm beginnen zum erstenmale regelmäßige Protokolle, deren Form und Inhalt seine Treue und Sorgfalt beweisen. Sein Predigt= und sein Lehr= amt habe er, so bemerkt sein Nachfolger, auf würdige rühmenswerthe Weise geführt.

David Holzhalb (1802—1828) hat ihn in Treue und Ge= wissenhaftigkeit noch überboten; wir haben bei dem Akte der Be= eidigung der Gemeindsbeamten von 1816 gesehen, wie er eifrig und sorgfältig auf die Gemeindsbewohner zu wirken bemüht war. Seinen amtlichen Pflichten kam er, wie die Protokolle und Auf= zeichnungen beweisen, auf's Genaueste nach; namentlich beschäftigte ihn die Ordnung der Kirchen= und Armengüter, und die Sorge für die Armen. Unaufhörlich bestrebte er sich, die Vorsteherschaft durch Ermahnungen und Belehrungen zu einer eigentlichen Leuchte der Gemeinde zu erziehen. Noch heute bezeugen die Worte auf seinem vom Sohne ihm neulich gesetzten Denksteine die väterliche Herzlichkeit, mit welcher er von der Gemeinde Abschied nahm *).

Es folgte ihm der schon erwähnte J. K. Nabholz (1828— 1833). Nur kurz war die Zeit seines Wirkens, aber um so aus= gedehnter seine Thätigkeit. Er war vorher, 1824, Schulinspektor des Bezirkes Unter=Toggenburg im Kanton St. Gallen, und richtete nun, als er hieher kam, seine Blicke vor Allem auf Hebung des so verfallenen Schulwesens unserer Gemeinden. Seine alle Jahre sorgfältig und ausführlich angelegten Schulberichte sind Zeugnisse des Eifers und der eingehenden Liebe, mit welcher er die Schulen bewachte. Ihm ist recht eigentlich die Begründung des neueren Schul= und Armenwesens unserer Gemeinde zu danken. Auch der Lehrer nahm er sich persönlich an, und gründete zur Heranbildung derselben einen Lesezirkel. Mit Ernst suchte er bei politischen Vorgängen der Gemeinde die Bedeutung derselben an's Herz zu legen. Zur Verschönerung des Gottesdienstes suchte er besonders den Gesang zu heben.

Alle diese Vorarbeiten kamen seinem Nachfolger J. K. Grob

---

*) „Friede sei mit Euch! Seid friedfertig unter einander, so wird der Gott des Friedens und der Liebe mit Euch sein!"

(1833—1839) zu Gute. Zum ersten Male machte die Gemeinde von ihrem durch Gesetz vom 20. Dezember 1831 erworbenen Wahlrechte Gebrauch und wählte ihn, der Vikar zu Kilchberg war, mit 238 von 256 Stimmen zu ihrem Geistlichen. Im Sinne seines Vorgängers hat er die Gemeinde zur Mäßigung angehalten und zu erwecktem religiösem Leben zu erziehen gesucht. Er hat die schon erwähnte Betheiligung der Gemeinde an dem Werke der Mission begründet; auch die Schule, die weibliche Arbeitsschule, besonders aber die Rettungsanstalt Freienstein hatten sich seiner liebevollen Sorge zu erfreuen. Seine Wirksamkeit im „lieben, stillen" Korbas bezeichnet er selbst als eine friedliche und gesegnete. 1840 kam er in die „große, sorgenschwere" Gemeinde Stäfa und starb dort ein Jahr nachdem die dortige Gemeinde (1864) den 25sten Jahrestag seines Wirkens so freudig gefeiert hatte.

Ihm folgte endlich J. Eduard Dändliker (1840—1853). Als einem Sohne des angesehenen Kreislehrers und Erziehungs= rathes J. J. Dändliker von Stäfa, war ihm von Natur die Rei= gung zum Schulunterrichte eingepflanzt, und so wirkte er nach Ablegung seines Examens einige Jahre am Lehrerseminar in Küß= nacht (1832—1836), dann 1837 an der Industrieschule in Zürich besonders im Fache der Mathematik, auf welches seine Neigung vom Vater her gerichtet war. Durch diese Thätigkeit geübt und durchgebildet, zeigte er auch als Geistlicher stets den regsten Sinn und Trieb. Demgemäß richtete sich seine Sorge besonders auf das Schulwesen nicht nur der Gemeinde, sondern auch des Bezirkes, in welchem er eine Reihe von Jahren das Amt eines Bezirksschul= pflegers bekleidete. Seine Berichte alle beweisen, wie herzlich er mit seiner Gemeinde verbunden war, wie die Sorge für das Wohl derselben ihn stets durchdrang. Aengstlich sah er das Ueberhand= nehmen der fremden Fabrikarbeiter, welche dem religiösen und moralischen Charakter der Gemeinde Eintrag zu thun drohten, und einmal (1850) hatte ihn die Trauer darüber so sehr übermannt, daß er die Vorsteherschaft zu einer außerordentlichen Sitzung berief, derselben ein klares Bild der Zustände seit 10 Jahren vorführte, sie energisch zur Wachsamkeit über das sittliche Verhalten der Ge= meinde ermahnte und Mittel zur Besserung in Berathung zog. Eben durch die Seelsorge, die er als Hauptaufgabe seines Amtes betrachtete, hieng er so innig mit der Gemeinde zusammen. „Mein Blick geht, so schrieb er während seiner Krankheit, oft hin zu meiner theuren Gemeinde, die mir gerade in der letzten Zeit so viel Liebe und Theilnahme bewiesen hat. Wer einst an meinem Grabe redet, der darf es bezeugen, daß ich mit Lust und Freude wieder in meinen so lieben Berufskreis getreten wäre; ist es mir ja, ich wisse erst jetzt recht, was ich zu predigen, wie ich Leidende zu trösten, Irrende zurecht zu weisen habe." Im letzten Abschiedsgruße an die Gemeinde blickt er freudig zurück, „wie Gott ihn so manches Jahr mit derselben verbunden" habe. „O! bauet Euch, ermahnt er in einem alttestamentlichen Bilde die Gemeinde, wieder Altäre in Euern Häusern, um gemeinsam Euch zu demüthigen vor dem Herrn der Heerscharen!" Dieses enge Verhältniß zur Gemeinde, das seine Wirkung auf die letztere nicht verfehlt hat, hat er seinem ihm folgenden Bruder gleichsam als Vermächtniß hinterlassen. —

Unter diesen Führern entwickelte sich das sittlich-geistige Leben der Gemeinde. Aber es wäre ihr Wirken nicht so erfolgreich gewesen, wenn sie nicht an der Vorsteherschaft (dem „Stillstande" oder der jetzigen „Kirchenpflege") eine thätige Beihülfe gefunden hätten, deren wir hier mit wenigen Zügen gedenken müssen.

Es ist schon erwähnt worden, wie diese Behörde besonders seit den siebenziger Jahren des vorigen Jahrhunderts ihre Thätigkeit entwickelte. Streng wachte sie darüber, daß während des Gottesdienstes Ruhe gehalten werde. 1781, 1835 wurde das Kegelspiel und 1790 das Waidfahren während desselben untersagt; ja 1774 beschloß sie sogar, daß auch während des Wochengottesdienstes alle Arbeit unterbleibe; ebenso 1781. Häufig seit 1770 wurden Solche bestraft, welche den Sonntag mißbrauchten, und welche sonst ein anstößiges Leben führten; 1829 wurden Knaben streng bestraft, welche während der „Kinderlehre" badeten. 1840 wurden Maßregeln vorgenommen zur Einführung einer ernsten, würdigen Sonntagsfeier u. s. f. Auch auf die Schule dehnte sich früher die Aufmerksamkeit des Stillstandes aus: 1801 beschloß er, daß jedes Mitglied die Kinder der Gemeinde zu fleißigem Kirchen- und Schulbesuch anhalte, 1804, daß jedes Mitglied die Schule wöchentlich zweimal besuche und der Lehrer diese Besuche aufzeichne. In Betreff des Verhaltens der Behörde wird 1841 gerühmt, daß jedesmal ein Mitglied derselben in der Kinderlehre sich vorfinde, um Aufsicht zu halten, ebenso 1854, wo hinzugefügt wird, der größte Theil des Stillstandes gehöre zu den eifrigsten Kirchenbesuchern. 1850 berichtet Pfarrer Ed. Däubliker, diese Behörde habe stets einen guten Kern, der von tief religiösem Sinne beseelt sei und dem das Wohl der Gemeinde innig am Herzen liege. Ueber ein Mißverhältniß wird auch nicht ein einziges Mal, so viel ich sehe, geklagt.

Man sieht schon aus diesen wenigen Thatsachen, daß diese Behörde eifrig bestrebt war, ein sittliches Vorbild der Gemeinde zu sein.

Aehnlich wie die Gemeindsvorsteherschaft, standen den Geistlichen auch die meisten der Lehrer treu zur Seite. Von diesen ist vor Allem des schon angeführten Schulmeisters Pfister (1814 bis 1825) zu gedenken. Durch ihn, heißt es, wurde das Schulwesen nicht nur des Dorfes, sondern auch der ganzen Kirchgemeinde in einen ungleich besseren Stand versetzt. Vom Geistlichen und den Vorgesetzten aufgefordert, hatte er auch den Schulmeister zu Teufen und den Adjunkten zu Freienstein besser unterrichtet und gebildet. „Seine Sonntagsschule besuchten auch Kinder von Freienstein und Teufen und die angesehensten Vorgesetzten ließen ihren Kindern durch ihn noch Privatunterricht ertheilen.“ Dabei wird auch sein häusliches Leben als musterhaft gerühmt.

In Hinsicht auf musterhafte Thätigkeit darf ihm Lehrer J. Frei zu Freienstein (1845—1861) an die Seite gestellt werden. Unter ihm bildete die dortige Schule längere Zeit die Musterschule des Bezirkes. Noch jetzt lebt sein Fleiß und seine energische Thätigkeit nach seinem traurigen Geschicke im Andenken der Gemeinde fort.

Noch drei Lehrer von Rorbas *) haben sich besonderes Verdienst erworben; nämlich Wilhelm Keller (1837—1855), J. Pfenninger (1842—1855), und Gottlieb Heß (1855—1859). An dem Ersteren wird gerühmt, er sei für die Elementarschule wie geboren, wisse den Kindern so recht an's Herz zu reden und ihren Verstand merkwürdig zu wecken. Vermittelst Unterstützungen hat er eine

---

*) Ich muß hier bemerken, daß ich von den Lehrern zu Teufen aus dieser Zeit nichts weiß außer den Namen, mit denen allein doch nichts anzufangen ist; dasselbe gilt von allen denjenigen Lehrern der Zeit unserer Betrachtung, welche ich hier weggelassen habe. Unter der Menge derselben, die von 1840 an stets wechselten und deren Namen ich oft nicht einmal auffinden konnte, verdient allerdings noch Erwähnung Herr Spinner von Neugst, der von 1834 bis 1845 der Schule Freienstein vorstand; jedoch sehr oft durch Krankheiten abgehalten wurde, auf dessen Leistungen aber der Bericht von 1845 dankbar zurückblickt.

Kleinkinderschule gegründet, die so sehr mit seiner hingebenden Persönlichkeit verwachsen war, daß sie mit seinem Tode eingieng. Der zweite, J. Pfenninger, hat einen neuen Aufschwung in das gesammte Gesangesleben der Gemeinde gebracht: auf ihn darf man die Entstehung der Gesangvereine bei uns zurückführen. Der dritte endlich, G. Heß, blieb nicht minder durch sein gewinnendes und reges Wesen in lebhaftem Andenken, als durch die selbstlose und reine Begeisterung, mit der er für die Ausbreitung des Christenthums in Afrika sein Leben geopfert hat. —

Schluss.

Blicken wir zurück auf die Bedingungen der Entstehung des vielgestaltigen Bildes, welches uns in dem Leben dieses Jahrhunderts, innerhalb der engen Gränzen unseres Gemeinwesens entgegentritt!

Es waren die Freiherren unserer Gegend, unter deren Herrschaft die angesiedelten Bewohner den Boden anbauten und zu drei getrennten Genossenschaften sich sammelten. Auf sie auch führt sich die Begründung einer Verbindung unter diesen drei Genossenschaften sowohl in kirchlicher als auch in politischer Hinsicht zurück.

Aber dieses Alles wäre nicht möglich gewesen, wenn nicht, schon ehe von den Freiherren und sonstigen Edeln die entscheidenden Antriebe ausgehen konnten, zu Korbas freie Alamannen die Ansiedlung überhaupt begründet, wenn nicht die Zahl der Bevölkerung sich gemehrt, und ihr Fleiß im Anbau des Landes sich so sehr gesteigert hätte, daß schon um 1300 der größte Theil des jetzigen urbaren Bodens der Kultur gewonnen worden war. Es war auch der Einfluß des gesellschaftlichen Lebens der Bauern in gemeinschaftlicher landwirtschaftlicher Thätigkeit, und nicht der Antrieb von oben, welcher die ersten Gemeindeordnungen ausbildete.

Allein die Zeit der völligen Ausbildung des selbständigen, freien Dorflebens war doch noch lange nicht gekommen: sie wäre niemals eingetreten, wenn nicht Antriebe von Außen es ihr ermöglicht hätten.

Diese Antriebe waren zunächst ganz entgegengesetzter Art.

Die Reformation begünstigte diese selbständige Ausbildung des Ge=
meindewesens. Aber diesem Triebe stund, scheinbar wenigstens,
die scharfe Ausbildung der Gerichtsherrschaft Teufen als hemmende
Macht entgegen. Blickt man jedoch tiefer, so mußte gerade sie es
sein, welche eben diese selbständigen Triebe förderte: war es doch,
wie wir gesehen haben, die seit kaum einem Jahrhundert mit
Korbas völlig vereinigte Gemeinde Freienstein, welche in schroffem
Gegensatze zum Gerichtsherren frei auftrat und gerade im Zustande
des Eingeengtseins ihrer Selbständigkeit sich bewußt wurde.

Indes waren der Fesseln denn doch noch zu viele: ohne
gänzliche Umgestaltung aller Verhältnisse des Lebens konnte auf
die Dauer kein freier Aufschwung eintreten.

Da war es die Revolution, welche den Anstoß zur freien
Gestaltung des Gemeindelebens im Sinne der Neuzeit gab. Sie
beseitigte die Schranken und eröffnete neuen Trieben auf geistigen,
wie materiellen Lebensgebieten die Bahn. Allerdings ist der Auf=
schwung des geistigen Lebens, wie wir gesehen haben, den An=
regungen und Unterstützungen von Außen, von Seiten der Obrigkeit
und der Behörden, zunächst zu danken, und auch an der Steigerung
des materiellen Wohles arbeiteten vielfach fremde Kräfte: aber was
hätten diese erreichen können, ohne die in der Gemeinde selbst er=
wachten Triebe, die vornehmlich im religiösen, gemeinnützigen und
gewerblichen Leben sich kund thaten! Ohne die inzwischen einge=
tretene Reife des Geistes der Bevölkerung selbst, die, zum Theil
aus freiem Entschlusse, zum Theil durch anregendes Beispiel bewogen,
den allgemeinen Anforderungen der Zeit Genüge zu leisten sich be=
strebte, wäre das Bild derselben nimmermehr ein so vielgestaltetes!

In dieser Weise bewirkte stets das Zusammentreffen der An=
regungen von Außen mit der eigenen Triebkraft der Bevölkerung
das Wachsthum dieses Gemeinwesens.

Will man den Zusammenhang kennen lernen, in welchem
unsere Gemeinden mit den allgemeinen geschichtlichen Vorgängen,
wie den Gestaltungen unseres Staates stand, so wird man jene
Antriebe von Außen betrachten. Will man dagegen die Eigen=
thümlichkeit, die besondere Art unseres Gemeinwesens erkennen,
so wird man auf jene eigene selbstbewußte Triebkraft des Volkes
einzugehen haben, dessen reifere Erkenntniß dem Fortschritte der
Zeit gemäß auch in unserer Gemeinde, wie wir gesehen haben, mit
der neueren Entwicklung mehr und mehr hervortritt.

Nachträge und Verbesserungen.

Seite 3, Zeile 1, ist zwischen „wie" und „behauptet" hineinzusetzen: ein Forscher des vorigen Jahrhunderts.

Zu Seite 14, Zeile 13 von unten: Der Ortsname „Bülberg" wird sonst immer geschrieben: „Bütberg", „Beutberg", und daraus vermuthete Meyer in seinen „Ortsnamen", es hätte ursprünglich „Butinsberg" geheißen. Allein es ist sicher bezeugt, daß dieser Name nur Abkürzung von „Bülachberg" (Bülberg, Büberg) ist.

Zu Seite 16 und 17: Was ich von der Entstehungsart der Dörfer Freienstein und Teufen gesagt habe, gilt natürlich nur von sehr später Zeit; denn sie setzt die Ausbildung des Adels, der Gefolgschaft und der Grundherrschaften voraus. Diese letzteren hängen aber (wie die schönen Untersuchungen P. Roths dargethan haben) mit den älteren Zuständen der Gemeindeverfassung vor dem 8ten und 9ten Jahrhundert durchaus nicht zusammen. In älterer alamannischer Zeit liegen die entscheidenden Momente der Ansiedlung und Gemeindebildung in der freigewählten Niederlassung der durch Verwandtschaft verbundenen Familien und in der Besitznahme des Bodens nach entsprechenden Verhältnissen. Dies wird, wie ich meine, die erste Entstehungsart der Gemeinde Rorbas sein. — Noch so wenig sind leider die allgemeinen Resultate der rechtsgeschichtlichen Forschungen im Einzelnen verwerthet worden. Es wäre eine verdienstvolle Arbeit, wenn von kundiger Hand die Entstehung der Ansiedlungen und der Gemeinden speziell unseres Landes mit Benützung theils der neueren allgemeinen Forschungen, theils des vorhandenen urkundlichen Materiales, sowie durch Beobachtung der bestehenden rechtlichen Verhältnisse, der Ortsnamen und Aehnlichem auf's genaueste erforscht würde. Die kurze Darstellung Bluntschlis stützt sich doch in Vielem auf veraltete Ansichten und kann nicht mehr genügen.

S. 17, Zeile 8 von unten ist statt des ersten „wir" zu lesen: „wie".

S. 30, Zeile 2 der ersten Anmerkung ist „alten" vor „Orte" zu streichen.

S. 31, Zeile 8 und 9 von unten ist das Wort „grundherrliche" zu streichen.

S. 38, Zeile 11 von oben: statt 1838: 1338.

S. 39, Zeile 7 von unten ist „von" zwischen „Heinrich" und „Schwend" zu streichen.

S. 47, Zeile 11 von oben ist „als" zu streichen.

Zu S. 65 muß ich bemerken, daß wahrscheinlich „Dorfmeier" und „Geschworene" nur verschiedene Bezeichnungen der nämlichen Beamten sind.

Register.

Alamannen: 5.
Allmenden: 29. 30.
Alpenhof: 20.
Arbeitsschule: 101.
Armenwesen: 101. 102.

Bevölkerung: 90.
Büberg: 14.
Bürgerrecht: 54—57. 85.
Bretschger: 22.
Brunner, Kantonsrath: 87. 89. 93.
Brunnensteig: 15. 19.

Dändliker, Ed., Pfarrer: 105. 106.

Einsiedler am Irchel: 35.

Fabrikwesen: 89. 90.
Fischenzen 64. 68.
Frauenverein: 101.
Frei: 22. 42.
Frei, Lehrer: 107.
Freienstein:
 Burg: 9. 12. 38. 39. 40.
 Freiherren: 9—12.
 Oberhof: 10. 20.
 Entstehung des Dorfes: 16. 17.
 Gerichtsbarkeit: 24.
 Kirchliche Verbdg. mit Embrach: 35.
 Verein. mit der Kirche Rorbas: 44.
 Weidrechtsverhältnisse: 57. 61.
 Dorfoffnung: 60. 69.
 Taunerstreit: 62.
 Erhebung gegen den Ger.-Herren: 69.
 Erhebung von 1803: 85.
 Zehntenloskauf: 86.
 Freiheit und Gleichheit: 81.
Fritschi: 101. 102.
Frost: 89.

Ganz: 43. 80.
Ganz, Dr., Statthalter: 98.

Ganz, Dr., Bezirksrichter: 101.
Gemeindevorsteher: 29. 65.
Gemeindewesen: 84—86.
Gemeinnützigkeit: 102.
Gewitterschaden: 89.
Geschlechtsnamen: 17.
Gericht: 67.
Gerichtsherrliche Rechte: 67. 71. 83.
Gerichtsherrschaft: 81. 82.
Gesang: 53. 96. 108.
Glocken: 93.
Gottesdienst, katholischer: 41—44.
Gotteshausleute: 27.
Grob, Pfarrer: 105.
Grundzinse: 76. 77. 87.
Grüthof: 20. 60.

Handel: 91.
Handwerker: 90. 91.
Hartmann, Pfarrer: 103. 104.
Heilige: 31. 42.
Hertengut: 20.
Heß, Lehrer: 108.
Höfe: 19—21.
Holzhalb, Pfarrer: 104.
Holzrüti: 64.

Irchel: 1—2.

Kanzel: 52.
Keller, Wilhelm, Lehrer: 107.
Kelten: 1—3.
Kirche, Stiftung der: 31. 32.
Kirchenbau: 51. 52.
Kirchengebäude: 92. 93.
Kirchherr: 33.
Kircheneinkünfte: 34.
Kirchhof: 93.
Kirchliches Leben: 95. 96.
Kirchensatz: 34.

Landvert: 43. 74**. 102.
Landwirthschaft: 28. 29. 88.
Lehrer: 107. 108.
Leibeigene: 22. 23.
Leutpriester: 32. 47.

Maurer, Pfarrer: 53.
Meierhof: 19. 20.
Mediationszeit: 81.
Meiß: 66. 78. 82.
Merk: 56.
Metzgen: 91.
Mission: 96.

Rabholz, Pfarrer: 97. 99. 104.
Pfarrer: 47. 50. 52. 53. 103—106.
Pfenninger, Lehrer: 108.
Pfister, Schulmeister: 99. 107.
Politisches Leben: 96—98.
Post: 94.

Rettungsanstalt: 103.
Rhein: 2.
Riberg: 66.
Rietiker: 6***.
Römer: 3. 4.
Rorbas:
  Römische Niederlassung: 3. 4.
  Alamannische Ansiedlung: 5. 6.
  Name: 5. 6.
  Burg: 7.
  Dienstleute von Rorbas: 7. 8.
  Entstehung des Dorfes: 16—18.
  Gerichtsbarkeit: 24. 25.
  Dorflinde: 25.
  Oeffnung: 25 ff.
  Gemeindeordnungen: 30.
  Feuersbrunst von 1538: 48. 49.
  Weidrecht: 59.
  Taunerstreit: 63.
  Gefecht bei Rorbas 1799: 79. 90.
  Kriegsbewegungen: 78—81.
  Wirthshaus: 82.
  Schmiede: 82.

Sad, im: 66.
Seckelmeister: 64.
Schneider: 60.
Schulwesen: 74. 98—101.
Schulgebäude: 91. 92.
Schurter: 60.
Sittliche Zustände: 46. 49.
Steinbruch: 64.
Stillstand: 53. 74. 106.
Straßen: 94.

Tättenberg: 5.
Tagnäuer: 62.
Taufstein: 52.
Tengen, Freiherren von: 7. 8.
Teufen:
  Burgen: 12. 13. 15. 35.
  Freiherren: 13—16. 31. 32.
  Entstehung des Dorfes: 18. 58.
  Meierhof: 20.
  Weidrechtsverhältnisse: 58. 59.
  Theilung der Gemeinde: 59.
  Streit der Tauner: 62.
  Gerichtsherrschaft: 82. 83.
  Schloß: 83.
  Erhebung von 1803: 85.
  Friedensrichter: 85.
  Politischer Verband: 85.
  Wein: 88.
Thor, Edeln zum: 21. 36. 37. 66.
Tünti: 22. 43. 47.
Tößbrücke: 81.

Wege: 28.
Weidgang: 57—59. 61.
Weinbau: 88. 89.
Widemhof: 19. 32.
Wiler: 3. 5. 15. 19.
Wirthshäuser: 91.
Wunderli, Fabrikherr: 89. 91.

Zehnten: 75. 76. 86.
Zoll: 94.